AF502058

LE DROIT ET L'OPPORTUNITÉ

LETTRES PHILOSOPHIQUES, RELIGIEUSES ET POLITIQUES

PAR UN ÉTRANGER, AMI DE LA FRANCE.

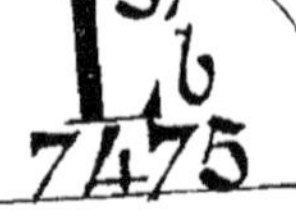

LE DROIT ET L'OPPORTUNITÉ

LETTRES PHILOSOPHIQUES, RELIGIEUSES ET POLITIQUES

LE DROIT ET L'OPPORTUNITÉ

LETTRES PHILOSOPHIQUES, RELIGIEUSES ET POLITIQUES

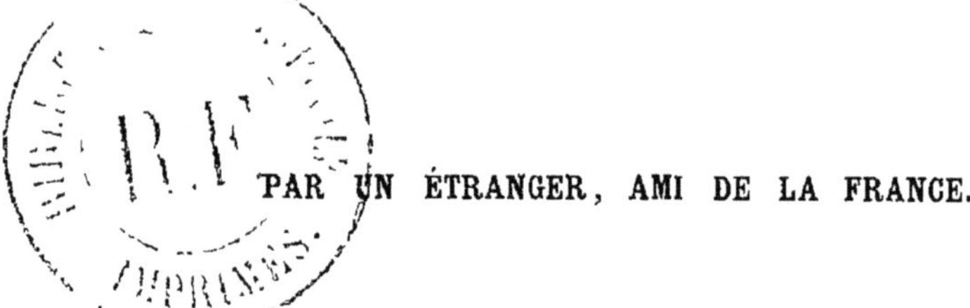

PAR UN ÉTRANGER, AMI DE LA FRANCE.

Macte estote animo.

LIBRAIRIE DE J. LEFORT

IMPRIMEUR, ÉDITEUR

LILLE
rue Charles de Muyssart, 24

PARIS
rue des Saints-Pères, 30

ET CHEZ LES PRINCIPAUX LIBRAIRES.

1880

PRÉFACE

Ce n'est pas sans une certaine émotion que l'auteur livre ces quelques lettres à la publicité. Au moment où elles paraîtront, elles trouveront la France profondément bouleversée : un gouvernement, auquel Dieu semble vouloir enlever tout sens politique, s'attaquant aux droits les plus sacrés; en face de lui, tout un peuple indigné, défendant avec courage et fermeté ses plus chers intérêts, et opposant, à l'arbitraire le plus révoltant, la plus noble résistance; en un mot, le sentiment catholique de tout le pays engagé dans une lutte sans merci contre un gouvernement persécuteur.

Situation violente qui ne peut durer et qui, forcément, par la faute même de la République, appelle non seulement une résistance religieuse qui se fait, mais aussi un dénoûment politique qui s'impose.

Or, c'est de la nécessité politique de la France que ces quelques lettres parlent.

L'auteur avait songé d'abord à développer ces pages destinées à un ami, et à traiter complètement, dans un ouvrage plus étendu, certaines questions primordiales. Il en a été dissuadé par les circonstances ; les événements se précipitant en France, *urgentibus fatis imperii*, il a cru devoir exposer ses idées dans leur forme primitive, et se contenter de faire paraître cette ébauché. Il a pensé que ces lettres pouvaient faire quelque bien, et, peut-être, rectifier certaines erreurs qui sont la cause des malheurs de la France.

N'a-t-il pas été trop présomptueux? Les lecteurs pourront le dire.

Ce qui l'a décidé, au reste, c'est uniquement son amour pour la France. Nul vrai Français ne lui en voudra dès lors d'avoir osé dire, quoique étranger, son avis sur les nécessités politiques et religieuses de sa patrie. Car aujourd'hui comme toujours,

Tout homme a deux pays, le sien et puis la France.

Si cela ne suffisait pas à expliquer l'amour de l'auteur pour la fille aînée de l'Eglise, et l'audace qu'il puise dans cet amour, sa qualité de catholique suffirait amplement à justifier l'un et l'autre.

Car la France n'appartient pas seulement aux Français, elle est encore le patrimoine du monde qui a besoin d'elle, et de l'Eglise dont elle doit être le défenseur.

Loin donc de blâmer cette entreprise, on se dira, peut-être, qu'on trouvera dans l'auteur d'autant plus d'impartialité qu'il n'a jamais été mêlé aux luttes des partis, et on lui croira d'autant plus de dispositions à apprécier sainement la bataille, qu'il la juge de loin et en dehors des enivrements de la mêlée.

Avant de finir cette préface, un mot est encore nécessaire. L'auteur s'adresse aux hommes de bonne foi de tous les partis, et il parle avec bonne foi en son nom propre, sans être le porte-voix d'aucun parti. Cependant il combat pour une solution politique. Il rencontre donc des adversaires, triste nécessité, hélas! des meilleures thèses. Mais il déclare avec la plus entière sincérité que, s'il a des adversaires politiques, il n'a combattu et ne veut combattre que leurs doctrines. Il respecte toutes les personnes et ne comprend pas qu'on doive, en réfutant les erreurs, mépriser ou rabaisser ceux qui les soutiennent avec un désir sincère de trouver la vérité et de lui donner l'adhésion de leur intelligence et de leurs actes. C'est pourquoi si, dans la chaleur de la polémique, il peut blesser, par la vivacité de quelques expressions, les partisans des opinions honnêtes qu'il croit funestes et erronées, il leur en demande pardon d'avance, sachant que la charité, non moins que la justice, exigent de lui cette rétractation.

L'AUTEUR.

LE DROIT ET L'OPPORTUNITÉ

LETTRES PHILOSOPHIQUES, RELIGIEUSES ET POLITIQUES

PREMIÈRE LETTRE

Ce que c'est que l'autorité.

MON CHER AMI,

Vous me demandez mon avis sur l'avenir et les nécessités de la France. Votre patriotisme, alarmé de la triste situation de votre patrie, exige de moi une parole de consolation et d'encouragement. Si vous avez voulu rendre hommage à la sincérité et à la vivacité de mon amour pour la France, non certes vous ne vous êtes pas trompé en vous adressant à moi; si vous avez eu l'intention de montrer votre confiance dans ma sagesse, peut-être auriez-vous eu plus d'avantage à faire appel aux lumières d'un autre de vos nombreux amis.

Je ne crois pouvoir cependant me refuser à ce que vous me demandez avec tant d'insistance : ce serait bien mal répondre à votre amitié. Au reste, en présence du lamentable état où les factions ont jeté votre patrie, il n'est pas de trop que toutes les bonnes volontés s'unissent pour chercher un remède aux maux dont elle souffre.

C'est donc avec bonheur que j'accède à votre désir.

Dans le cours de ces lettres, je pourrai froisser des convictions qui vous étaient chères et qui, tombées avec ce jeune et vaillant prince en qui elles se personnifiaient, n'ont pas encore complètement disparu de votre esprit. La vivacité de mon langage offensera, peut-être, de vieilles affections qui ne sont qu'endormies dans votre cœur. J'éprouve à peine le besoin de vous en demander pardon. En me pressant de vous écrire dans un sens que vous ne pouviez ignorer, vous m'avez averti que je n'ai rien à vous cacher de mes plus profondes convictions ; et je n'aurais pas cette assurance, que le désintéressement de votre patriotisme me serait un sûr garant que ma franchise trouvera, auprès de vous, son excuse dans l'amour ardent pour votre pays qui me l'inspire.

Vous comptez communiquer ces lettres à quelques amis dont les opinions ne concordent pas avec les vôtres, mais qui veulent comme vous le salut de la France. Cette intention de votre part me conduira à rencontrer certaines opinions qui ne sont pas les vôtres, et que je traiterai avec une certaine « irrévérence » dont je me défais difficilement en parlant d'elles ; pour ceci, vous m'excuserez auprès de ces amis sur mon impatience, mes nerfs, etc., enfin sur toutes les qualités et défauts plus ou moins « excusants » que vous parviendrez à me trouver.

Sans plus de préambules, abordons le sujet.

Le problème politique de la France, tel qu'il se pose aujourd'hui devant un grand nombre, a deux faces. Il faut discuter l'avenir et le présent, les solutions définitives et les solutions provisoires. Il y a deux questions.

Et voici comment la première se présente :

Etant donnée la *société française*, où découvrir les éléments qui lui assurent le repos intérieur et la force nécessaire à l'accomplissement de sa mission sociale?

La seconde se pose comme suit :

Etant donnée la *situation actuelle* de la France, où trouver les moyens de la préserver de l'abîme?

A première vue, ces questions paraissent bien distinctes; l'une naît des inquiétudes du présent, l'autre des anxiétés du lendemain. Cependant elles sont identiques.

Ce qui fera la sécurité de la France demain, sera sa force dès aujourd'hui. La solution absolue, complète, sera aussi le meilleur des expédients, ou plutôt, c'est l'unique « expédient. »

Je vous prouverai plus au long cette vérité dans le cours de ces lettres. Permettez-moi néanmoins de faire, avant tout, une seule remarque dont vous apprécierez la valeur.

Il y a dans les choses une force intrinsèque, ou, comme on dit très justement, « une force des choses, » laquelle fait que toutes se développent dans le sens de leur principe. Si le principe est bon, tant mieux;

tant pis, s'il est mauvais. Je ne chercherai pas la vraie cause de cette puissance mystérieuse; elle plonge ses racines dans la nature la plus intime des êtres et dans « l'essence » même de l'Etre divin. Le sujet est magnifique; je serais bien tenté de mettre en évidence l'absolue *nécessité* qui détermine cette puissance; mais je dois me borner dans ces lettres. J'ajouterai seulement que cette « force des choses » est un fait historique non moins qu'une vérité philosophique; elle se révèle à travers les âges d'une façon éclatante, et, à l'heure actuelle, après un siècle de révolutions, la France n'est pas la preuve la moins palpable de l'énergie de son action.

C'est la raison pour laquelle les expédients, ou ce qu'on nomme improprement de ce nom, ne sauvegardent jamais rien; transitoirement et extérieurement, ils produisent quelque bon effet, procurent un certain repos, mais les principes sur lesquels ils reposent font bientôt triompher leur force latente et sentir leurs désastreux effets dans la suite des temps. Pour dix, vingt et, dans les meilleures conditions, pour trente et cinquante ans, ils sauvent une bourse; après, ils perdent la bourse et, qui plus est, les âmes.

Nulle habileté humaine ne peut se soustraire à ces lois; elles ne sont pas de l'homme, elles sont de Dieu. Aussi, c'est pour moi une vérité mathématiquement démontrée qu'il n'y a, ni pour l'individu, ni pour la société, de vrai salut que dans ces principes éternels qui sont la sécurité de demain, ni plus ni moins que la force d'aujourd'hui.

Nous devons donc dégager la question des petitesses du jour, la prendre de plus haut et demander sa solution à ces principes premiers qui dominent et illuminent toutes les questions politiques et sociales.

Ce n'est pas à dire que je mépriserai ce que j'appelle la question présente; elle a aussi ses exigences, elle a surtout ses clartés. Mais je me bornerai à rendre plus palpable par elle la question de principes, et à donner à celle-ci, par son moyen, une force nouvelle et une opportunité plus pressante.

Tout d'abord se pose la question de l'origine du pouvoir.

Je suppose établie sa légitimité. M. Blanc de Saint-Bonnet la prouve en quelques mots : « Hors de la société, dit-il (1), l'homme n'existe pas : telle est la légitimité de l'ordre social. Sans le pouvoir, la société n'existe plus; telle est la légitimité du pouvoir. » Au reste, ceci est assez communément reçu. Il s'agit spécialement de savoir en vertu de quelle consécration la *forme concrète* du pouvoir prend sa légitimité.

Jusqu'à la fin du XVIIIe siècle, on s'accordait assez à croire à l'institution divine du pouvoir; cette croyance était comme la tradition de tous les siècles chrétiens et l'antiquité païenne elle-même ne l'avait pas ignorée. On pouvait penser que le creuset européen avait assez éprouvé la pureté de cet or, et qu'il ne viendrait à l'esprit de personne de contester son titre et sa valeur. On comptait sans l'orgueil humain.

L'orgueil humain a toujours été coupable de déraison et a toujours porté dans ses flancs les plus épouvantables catastrophes. Il a créé l'enfer, détruit le paradis, en méconnaissant la divinité du Dieu fait homme (2) et en prétendant participer aux perfections divines.

(1) *La Légitimité*, IIIe Partie, c. I.

(2) Les plus éminents théologiens enseignent que les anges rebelles eurent la vision de ce mystère devant lequel leur orgueil ne voulut pas s'humilier.

Dès le premier jour de la Révélation, il s'est dressé à nier le Pouvoir dans sa plus haute manifestation. Les hérésies, qui, sous l'une ou l'autre forme, ne sont qu'une négation de l'autorité de Dieu, sont contemporaines des Apôtres; elles remplissent l'histoire de l'Eglise. Au XVIe siècle, elles se résument dans une négation suréminente, et proclament « l'autonomie de l'âme et son affranchissement de tout pouvoir spirituel. » Les princes, aveuglés par l'orgueil et la cupidité, applaudissent à cette révolte; ils ne voient pas, les malheureux, qu'elle est venue poser les prémisses d'une doctrine qui fera chanceler tous les trônes sur leur base!

Deux siècles plus tard, après un travail lent mais d'autant plus profond qu'il a mis plus de temps à s'accomplir; par suite d'une loi inévitable, éternelle comme Dieu d'où elle émane, d'après laquelle tout coup porté dans l'ordre spirituel a son retentissement dans l'ordre matériel, la doctrine révolutionnaire vient répondre à la doctrine protestante, et Jean-Jacques Rousseau proclame, aux acclamations d'un siècle digne de lui, « l'autonomie de l'homme vis-à-vis de la société et son affranchissement de toute autorité. »

Dans le domaine politique, c'est la *souveraineté du peuple.*

Depuis lors, la théorie a passé dans le domaine social, ou plutôt, y étant, elle s'y est développée logiquement, et elle y a proclamé à son tour, à la grande surprise des badauds, la *souveraineté du peuple.*

On avait exigé la *liquidation du pouvoir politique* pour remettre le « peuple souverain » en possession de ses droits politiques. On réclame aujourd'hui la *liqui-*

dation de la propriété pour rendre au peuple souverain l'exercice de ses droits sociaux.

Rien ne manque à ce parallélisme, et la révolution politique serait mal venue à nier la légitimité de son enfant la révolution sociale.

Passons, malgré le grand enseignement de ce spectacle, et arrêtons-nous à la politique.

D'après Jean-Jacques Rousseau et son école, c'est la volonté libre et spontanée des hommes qui a donné naissance à la société, par un contrat intervenu entre eux. On a opposé d'abord à ce système l'histoire. L'argument était décisif. Vaincue sur ce terrain, l'école s'est rejetée sur le droit. Sans doute les faits démentent le *contrat social*, mais le droit le réclame : les hommes sont égaux et la société n'est légitime qu'en vertu de leur consentement présumé; tout homme, étant fondateur de la société, possède, en sa seule qualité d'homme, le droit de participer au gouvernement. Ce droit est un droit naturel que l'être humain apporte en naissant.

C'est ainsi que le système se pose de nos jours; il n'est pas plus soutenable sous cette forme. Aussi il est démodé chez tous les esprits sérieux.

L'école rationaliste elle-même l'a attaqué par de bonnes raisons; elle avait remarqué ses dangers et son absurdité et, tout en acceptant son héritage anticatholique, elle a, effrayée de son héritage antisocial, combattu ses principes. Admettant les enfants, elle a eu honte et peur de la mère.

Tout d'abord, disent les rationalistes sérieux, si le peuple est souverain, il peut toujours remettre en question, quand il voudra, l'existence du gouvernement; et elle est vraie, cette maxime anarchique écrite quelque part dans un livre révolutionnaire, que « l'insurrection est le plus saint des devoirs ». C'est la ruine de toute autorité.

En second lieu, continuent-ils, si chaque homme, en cette seule qualité, a le droit de participer au gouvernement, on ne peut légitimer aucune exclusion. Il faut appeler dans le forum la femme ; ce n'est pas tout, il faut donner leur part de droit naturel aux criminels, aux forçats, à tous les indignes, en un mot ; et quand cela sera fait, on ne peut refuser le bulletin de vote aux enfants à la mamelle (1), aux idiots et à toute l'immense série des incapables. Ce raisonnement est rigoureusement vrai.

On ajoute, avec infiniment de sens, que la nation n'est pas le peuple ; qu'elle est la génération future aussi bien que la génération présente, et qu'il est absurde de donner à celle-ci un pouvoir absolu qui gênera toujours la liberté et méconnaîtra les droits de celle-là.

Il est une quatrième raison par laquelle le rationalisme scientifique écrase la théorie de Rousseau ; il reconnaît que tous les hommes ont des droits égaux et tire de là cette conséquence que, loin que tous puissent prétendre à l'exercice de la souveraineté, nul n'y peut prétendre. L'homme est libre, dit cette école ; c'est dire que nul n'est maître de lui et ne peut lui commander ; dès lors nul homme n'a de pouvoir sur un autre, et l'on aboutit, avec la théorie de la souveraineté du peuple, non au

(1) La souveraineté du peuple prête largement, comme on voit, à la caricature. — Les rationalistes, dont je parle ici, auraient encore pu ajouter que la souveraineté du peuple efface les frontières et donne aux étrangers les droits politiques des nationaux. L'étranger est bien un « homme, » je suppose, et dès lors susceptible des « droits de l'homme. » La loi du pays où il réside, le régit ; le moins qu'il puisse faire est de participer à sa confection.

gouvernement de la majorité, mais à l'absence de gouvernement, à l'*an-archie*.

Cette réfutation me paraît « irréfutable (1) » ; toutefois l'école rationaliste s'escrime en vain pour produire une théorie plus acceptable. Elle s'efforce de tourner la question et elle enseigne, à grands renforts d'érudition et quelquefois de bon sens, que la souveraineté appartient non au peuple considéré comme tel, mais à la nation constituée, *organisée*. La nation, dit-elle, qui est autre chose que le peuple, qui est cet être moral passé, présent et futur, vivant de traditions, bâtie même hiérarchiquement, est un *organisme* aussi parfait que le corps humain. C'est dans cet *organisme* que réside la souveraineté.

Cette théorie ne manque pas d'apparence ni même de vérité ; de Maistre, Blanc de Saint-Bonnet, de Bonald l'ont exposée, mais avec cette différence qu'ils ont scruté les *interiora rerum*. Si cet *organisme* n'est qu'un produit humain, on se heurte toujours à l'égalité humaine. Car enfin cet *organisme*, c'est vous et moi qui le constituez, c'est vous et moi qui gouvernez en son nom; dès lors je vois bien que ce rationalisme n'accorde pas le pouvoir à une majorité, mais à une minorité constituée d'après un certain ordre. Et après? est-ce que cette minorité aurait sur la majorité un pouvoir qu'on dénie, avec raison, à la majorité sur la minorité? Le rationalisme doit répondre négativement à cette question et reconnaître, qu'à ce point de vue, la théorie sauvage de

(1) Il ne faut pas croire que les rationalistes aient été les premiers à trouver toutes ces raisons; on les avait déjà produites avant eux. Mais comme elles émanaient de « cléricaux, » on disait que ces arguments étaient « rétrogrades, » ce qui suffisait à les réduire en poussière.

Rousseau, toute inacceptable et absurde qu'elle soit, l'est moins que la théorie scientifique ceux qu'on a nommés les « révolutionnaires savants. »

Ce sont là les deux écoles les plus « philosophiques. » Il est une troisième école rationaliste, l'école doctrinaire. Donoso Cortès l'appelle « la moins savante, la plus absurde, la plus stérile » de toutes. Ecole de contradiction et d'inintelligence dominant en « ce moment transitoire et fugitif où le monde ne sait s'il choisira Barabbas ou Jésus (1), » elle n'a pas tout à fait abandonné le Christ, ni accepté tout à fait Barabbas ; elle a peur de l'un et de l'autre et ne comprend pas que le choix est forcé. Elle proclame en politique (elle n'a de système qu'en politique) le règne de la « raison » et de la « justice, » et préconise le régime parlementaire au moyen duquel, au dire de M. Guizot, elle extrait de la nation la plus grande somme possible de lumières et de raison (2).

Par son système factice de gouvernement, elle est en dessous de l'école rationaliste scientifique, laquelle reconnaît un système plus naturel ; par sa théorie du règne de la « raison » et de la « justice, » elle est en dessous de la logique des deux écoles ultra-révolutionnaires.

Son caractère distinctif est l'éclat de la forme et la misère absolue du fond. Elle « bavarde » en théorie comme en pratique. Sur la pratique il n'y a rien à dire : les parlements modernes en sont la preuve vivante.

Quant à la théorie, il faut remarquer que la « raison » et la « justice » isolées ne présentent aucun sens précis.

(1) Donoso Cortès, *Essai sur le catholicisme*, l. II, c. VIII.

(2) On aurait pu ajouter : d'ambitions inquiètes à repaître, d'intrigants à satisfaire, de faiblesse, de dangers politiques et... d'impôts.

Ce sont deux beaux mots, voilà tout. Si vous demandez à l'école doctrinaire où sont la justice et la raison, elle répondra : la raison et la justice, c'est nous. Elle ne voit pas que son infaillibilité, n'étant qu'humaine, prête à rire, et que le peuple souverain a le droit de se croire infaillible tout autant qu'elle.

Voyez ce qui se passe. C'est au nom de la raison et de la justice que les modernes démolisseurs mènent la campagne contre la société; et les revendications socialistes ont, sur le libéralisme pseudo-conservateur, l'avantage d'une logique qui n'a pas peur des conclusions rigoureuses.

Enlevez Dieu, niez le surnaturel, ne reconnaissez ni la chute originelle ni ses suites dans l'homme et dans la nature, et essayez de discuter sur la « raison et la justice » avec le communard! la « raison et la justice » se trouveront dans les partisans de la Commune.

Emancipée du joug de la foi, la raison n'est qu'un animal sauvage qu'on a démuselé. Il ne respire que le sang et le désordre et n'accumule sur son passage que des ruines et des larmes. Devant la raison humaine livrée à elle-même, « la propriété individuelle apparaît à cette heure comme un énorme privilège, comme un monopole odieux. Cherchez dans tout le monument qui abritait les hommes le pan de mur qui soit resté debout? Le droit des rois contre le Vicaire du Christ leur parut évident; le pouvoir des grands contre le roi leur parut manifeste; le droit des riches contre le noble leur paru naturel; le droit des foules contre le riche leur paraît aujourd'hui le plus sacré de tous. La logique a passé comme un fleuve emportant ses rivages (1). »

(1) Blanc de Saint-Bonnet: *Légitimité*, p. 7.

Ces trois écoles ont une même origine : le rationalisme. La première est aujourd'hui celle des affamés qui ne sont pas encore repus ; la seconde jouit de la faveur de ces hommes diaboliques qui voudraient retenir la domination sur le peuple et ruiner l'empire de l'Eglise ; la troisième est en honneur auprès de cette classe moyenne que l'ambition tourmente, que le socialisme effraie, et qui voudrait à la fois satisfaire son ambition et ne pas donner prise au socialisme. Aucune d'entre elles n'atteindra sa fin ; toujours la dernière engendrera les deux autres pour assurer la domination de la première, dans laquelle est le nihilisme. *Nihil* : Rien.

Si la légitimité des pouvoirs existants repose sur un fondement humain, je le dis sans hésiter, la révolte est légitime, et nul ne peut la condamner. Le pouvoir est dès lors une usurpation, à quelque point de vue que l'on se place ; toute autorité est impossible.

Tout homme faisant sa loi dans sa conscience, de quel droit punira-t-on le coupable ou l'empêchera-t-on de se livrer à ses passions? Celui-là seul peut commander à l'homme, lui défendre quelque chose, le punir, qui est au-dessus de l'homme ; tout autre commandement, toute autre défense, toute autre punition sont une usurpation que rien ne justifie. Or, ni tous les hommes ensemble, ni les hommes *organisés* en nation, ni ces coteries qui prétendent à la justice et à la raison, rien dans ce monde n'est au-dessus de l'homme.

De quelque côté que vous retourniez le problème et cherchiez les solutions au moyen des principes de ces trois écoles, c'est toujours l'homme qui ordonne à l'homme. Et cela est illégitime.

Devant la conscience, devant la dignité humaine,

devant la raison, c'est Dieu qui rend le pouvoir légitime, ou il n'y a pas de pouvoir légitime.

Ce dilemme est parfait, et vous ne lui trouverez pas un troisième terme.

Si un homme a organisé le pouvoir dans un peuple, cet homme était l'ambassadeur de Dieu; si le temps a *formé* le pouvoir dans une nation, le temps était le ministre de Dieu. Otez Dieu, et l'homme obéit à l'homme ou au temps, cette abstraction qui n'a pas même d'existence dans la réalité.

Avant tout examen voilà le facteur, l'élément, qui détermine la légitimité concrète du pouvoir.

Voyons les faits. Pour peu qu'on réfléchisse, la question ne peut pas non plus présenter le moindre doute. Je ne nie pas qu'à première vue et avant tout examen sérieux, on ne puisse nier l'action divine. Quel homme a aperçu Dieu et ne voit pas au contraire la main de son semblable dans la formation de la société? L'humanité en voie de se constituer en nations s'agite, se démène, se travaille. Les combats contre l'ennemi extérieur, les luttes intestines ou pour la domination ou pour la liberté se suivent sans interruption. L'homme, en un mot, est partout. Quant à Dieu, il n'est nulle part; sa main n'apparaît dans aucun traité de paix, dans aucune investiture; le temps est loin où sa voix suscitait des prophètes et des rois au peuple juif, et où son doigt *visible* écrivait sur les murs de Babylone la sentence de destruction : *Mane, Tecel, Pharès.*

Qui n'a entendu répéter à satiété, sous l'une ou l'autre forme, cette démonstration « péremptoire. »

Et cependant ce n'est là qu'un mirage trompeur qui

cache la réalité. Au fond, qu'y a-t-il? La réalisation, à la lettre, de ce vieux proverbe : « L'homme s'agite, et Dieu le mène. » La vérité de cette proposition est indéniable; il suffit, pour la voir, d'ouvrir les yeux.

Elle resplendit dans le passé. Je ne parle pas de la révolution de 89 ; le doigt de Dieu y est trop visible, et l'événement est trop un *miracle* dans l'ordre politique et social, pour que je puisse sans partialité y chercher des arguments. Mais consultez toute l'histoire, et dites-moi quel peuple a établi le pouvoir chez lui et l'a fondé tel qu'il le voulait. Dans les quatre-vingt-dix-neuvième des cas, le pouvoir s'est dégagé peu à peu de la barbarie; il est né, jour par jour, des meilleurs éléments de la société; il est éclos sur la tige nationale comme une fleur, par les seules lois d'une végétation mystérieuse. Ou bien un homme supérieur s'est trouvé à point (1) pour dominer et guider soit la barbarie ignorante, soit la barbarie civilisée; appuyé sur son seul prestige, peut-être aidé par quelques hommes audacieux — par une minorité — il a imposé un gouvernement que le peuple accepte. Dans l'un et dans l'autre cas, le peuple *est* constitué et ne *se constitue* pas (2); mais Dieu agit

(1) J. de Maistre fait observer que ces hommes « qui n'appartiennent peut-être qu'au monde antique et à la jeunesse des nations » sont toujours « rois ou éminemment nobles. »

(2) Cela ne veut pas dire qu'une constitution, même faite par tout le peuple (chose plus rare qu'on ne pense), et méconnaissant la « force des choses, » n'est pas possible. Je crois tout le contraire. En ce monde, rien d'absurde n'est impossible. Une constitution pareille peut très bien exister... sur le papier. Ce que je crois impossible, c'est qu'elle soit loyalement comprise, loyalement observée et qu'elle dure.

par les événements laissant aux hommes une entière liberté et gardant pour lui la direction de l'ensemble. Est-ce que la « civilisation » et la « raison moderne » ont rendu les peuples plus aptes à se constituer? Jamais siècle n'a été plus impuissant que le nôtre à fonder le pouvoir, et l'histoire de ses essais est l'histoire de leurs avortements. Ces puissants orateurs de nos parlements, lesquels s'imaginent si naïvement que l'éloquence, ou ce qu'ils appellent de ce nom, est omnipotente, vont-ils par où ils veulent aller? fondent-ils ce qu'ils croient fonder? A chaque instant, des événements dont ils ne sont pas les maîtres, qui viennent on ne sait de quelle cause, qui aboutissent on ne sait où, dérangent leurs plans, bouleversent leurs projets. Faisant le septennat, sans doute on ne voulait pas arriver à M. Grévy, ni à Gambetta qui est déjà dépassé peut-être, ni à Clémenceau qui ne sera qu'une étape sur le chemin de la Commune. Nous y voilà cependant, malgré ce sénat qui devait être une digue contre la « souveraineté du peuple » et qui, déjà entamé par la révolution, suivra le mouvement ou se brisera à la résistance.

Qu'avons-nous besoin de tant de raisonnements pour établir une vérité si simple? *Paulo minora canamus.* Ne cherchons pas nos preuves dans des sphères si élevées, mais descendons en nous-mêmes. Que sont nos plans, nos désirs, devant la réalité? quelle est la puissance de notre action dans le domaine restreint où nous prétendons l'exercer? Les plus simples obstacles, les événements les plus imprévus, paralysent nos efforts ou les dirigent vers un but tout autre que celui où nous tendions. C'est l'expérience de tous les jours, et nous sommes condamnés littéralement à faire le contraire de ce que nous voulons. Si l'influence de l'homme est si petite sur les choses qui sont à sa portée et dont les trames sont si simples, que dire de l'efficacité de son action sur la formation du pouvoir dans la société, où tout est si compliqué et si au-dessus de l'homme, où tant d'éléments divers sont en désaccord, où tant de volontés diverses se heurtent, s'entrechoquent et ne laissent de place qu'à la désunion !

Ce qui est vrai, c'est que si l'homme était chargé de se constituer en société, sans secours surnaturel et par ses propres forces, il ne saurait pas le faire.

On a souvent loué Voltaire de ce vers fameux :

> Si Dieu n'existait pas, il faudrait l'inventer.

Ce vers n'est que naïf; il fallait être encyclopédiste pour croire que sans Dieu l'homme fût né, ou que, étant né par impossible, il se fût imaginé d'*inventer* Dieu.

Ne dois-je pas craindre de dire pareillement un nonsens en supposant qu'un homme puisse s'occuper de former la société? La société, de l'une ou de l'autre manière, existe en même temps que l'homme, et l'homme sans société est un rêve éclos, parmi tant d'autres, dans le cerveau d'un philosophiste aux abois. Or, qui dit société dit « liens » et liens hiérarchiques. et ces « liens » ne peuvent « lier » qu'en vertu d'une puissance qui a le droit de les établir et dont la volonté devient, par cet acte, la Loi commune de tous les associés. Cette Loi, ce « lien » suprême qui donne la force à tout « lien, » c'est Dieu, et ce ne peut être que Dieu. Ayant créé l'homme, il est le seul maître de l'homme; ayant fait naître la société de l'hypothèse humaine, il est le seul maître de la société. C'est lui qui est la Loi de tout ce qui existe, la légitimité de toutes les lois.

Dès le premier jour, Dieu *pose* la race humaine, homme et femme ; le mariage naît de ce *fait* et avec lui les devoirs et les droits des époux.

De l'union de l'homme et de la femme, par la loi divine, naissent des enfants. Eve appelle son premier né Caïn, c'est-à-dire : « Je possède un homme par Dieu. » Par ce second fait, Dieu *pose* la famille, ses bases et sa légitimité.

Conformément à la volonté divine, la famille se développe, la nation apparaît ; avec la nation naissent les devoirs et les droits qui se font jour dans cette hypothèse.

Dans les desseins impénétrables de sa sagesse, Dieu distribue la terre aux peuples, appelant chacun d'eux, d'après son caractère, ses aptitudes, sa position géographique, ses qualités spéciales, ses défauts singuliers, d'après mille différences, à jouer son rôle providentiel sur le théâtre de ce monde ; à apporter sa voix, son chant, à cette *symphonie* universelle où toutes les voix, où tous les chants concordent et où les sons mêmes les plus discordants se résolvent, à la plus grande beauté de l'ensemble, dans une puissante et majestueuse harmonie.

Alors, de cette nouvelle situation particulière voulue de Dieu, de ces nécessités particulières découlent les droits et les devoirs particuliers, à chaque peuple ; droits et devoirs dont l'accomplissement est favorisé par ces constitutions naturelles qui sont comme le moule des peuples et la forme adéquate à leur mission. Si Dieu veut les peuples dans leur sphère respective, il veut aussi leurs constitutions naturelles; voilà pourquoi celles-ci sont divines, de droit divin. L'homme, en y portant la main, en défaisant les éléments qui les constituent et qui sont leurs pièces essentielles, commet un crime de lèse-divinité. Il entrave le plan divin, il lèse le droit de Dieu. Dois-je ajouter que nulle entreprise ne porte plus profondément la trace d'une absolue et irrémédiable nullité? Il n'y a pas de droit contre le droit, a dit Bossuet, et cette grande parole domine tout le débat.

Aussi quand une nation sort de ses voies naturelles par une juste punition, elle devient impuissante à se donner la paix et la sécurité; de gigantesques efforts se feront jour pour reconstituer la société sur d'autres bases; ces efforts seront stériles et ne serviront que tout juste à donner à la nation les moments d'apaisement nécessaires pour empêcher la consommation de sa ruine... si tant est que la Miséricorde ne soit pas encore lassée, et que la Justice n'ait décidé de la laisser périr.

DEUXIÈME LETTRE

Le droit de la France.

MON CHER AMI,

Ce qui est vrai de tous les peuples, l'est, à plus forte raison, de votre patrie. A elle comme aux autres nations et plus qu'aux autres nations, Dieu a tracé une route qu'elle doit suivre sous peine d'infidélité, et pour ce but il l'a disposée, *constituée*, dans une certaine forme adéquate à la mission qu'il lui donnait. Qui en doute?

Comme tous les autres peuples, la France possède une constitution naturelle dans laquelle elle est bien assise et qui lui donne le repos et l'aptitude nécessaires à l'accomplissement de sa mission. Ç'aurait été, en effet, un bien étrange oubli de la part de Dieu, si la fille aînée de l'Eglise était venue au monde sans Loi, c'est-à-dire sans les conditions de son existence. Quoi!

> Aux petits des oiseaux *Dieu* donne la pâture,
> Et sa bonté s'étend sur toute la nature,

et Il n'aurait pas songé, par hasard, à constituer sur des bases solides et durables ce peuple Français qu'Il appela, parmi les peuples, le premier au baptême et qu'il chargea d'accomplir, à travers les âges, ses ordres et sa volonté!

Il ne servirait de rien de prétendre que jusqu'à ce moment la France n'a pas connu sa constitution naturelle, et qu'il a fallu que les philosophes modernes vinssent lui enseigner sa voie. Ce ne serait plus là qu'une insulte gratuite à la miséricorde et à la justice divines. Ce serait, en outre, la plus éclatante des iniquités, la plus palpable des contradictions divines, qu'une nation ait pu vivre neuf cents ans en dehors de sa loi. Aussi bien je n'insiste pas.

Donc, pour trouver quelle est cette constitution naturelle, il n'y a plus qu'à jeter un coup d'œil sur l'histoire et à constater un fait. La recherche devient ainsi facile. Quel est, parmi les gouvernements que la France a eus, celui qui lui a assuré le repos à l'intérieur, le respect à l'extérieur, et qui lui a donné la possibilité d'accomplir sa mission? Voilà le point qu'il s'agit de résoudre.

Si ce gouvernement a existé, non à l'état de météore, mais comme le gouvernement normal de la France, s'adaptant à ses nécessités, se pliant à ses justes exigences, élevant la nation, la maintenant dans sa civilisation sans faiblesse et sans tyrannie, ayant assez d'*élasticité* pour ne pas se rompre sous l'expansion de ses vrais besoins, présentant assez de *résistance* pour contenir l'action des petits mécontentements et des velléités factieuses, vivant de la vie nationale durant plusieurs siècles et ne faisant qu'un avec la France durant une longue suite d'années, arrêtez-vous et jugez.

Que faut-il de plus? Où découvrir autre part les éléments nécessaires à prouver l'aptitude d'un gouvernement à conduire la France, par conséquent sa légitimité? Dès lors, concluez et affirmez sans crainte que ce gouvernement est la forme naturelle de la France et *le seul légitime.*

Ne vous demandez pas s'il a eu ses défauts et ses misères. Le gouvernement est « humain » comme les hommes qui le composent. Ne vous arrêtez pas à considérer si les formes extérieures ont quelque peu varié. Les formes extérieures dans lesquelles une politique, qui ne mérite pas ce nom, affecte de voir l'essence de la constitution d'un peuple, ne sont que des vêtements qui changent suivant la mode des temps et qui ne cachent que la réalité. Entrez dans l'intimité de cette constitution; demandez-vous quels sont les principes essentiels qui l'ont régie depuis sa formation et qui ont surtout éclaté aux temps, je ne dis pas les plus brillants, mais les plus féconds de son histoire. Etudiez le mécanisme des ressorts qui la font mouvoir; voyez quelles pièces maîtresses lui procurent la vie et lui donnent cet équilibre qui la tient debout durant la suite de tant de siècles. C'est là que vous trouverez la lumière recherchée; c'est là que vous découvrirez la force secrète qui peut rendre la paix à la France et la France au monde. Faut-il continuer? Oui, car il s'agit de rendre hommage à un gouvernement qui est une gloire pour la France. Dès l'aurore de votre nationalité, ce gouvernement a existé; il a formé, agrandi la nation, malgré la barbarie et la force brutale; il l'a tirée du chaos où s'agitaient les pires éléments; durant huit siècles, il l'a maintenue dans un progrès continu, dans un équilibre satisfaisant;

il a donné la paix politique au peuple, consolidé le pouvoir, respecté la dignité de ses sujets et porté la France à un haut degré de prospérité, à un rang incontestable de supériorité parmi les autres peuples. Le gouvernement de la France était, au dire de Machiavel, le plus tempéré par les lois (1), et nul ne peut prétendre qu'il n'ait pas mis votre patrie à la tête des autres nations. Sans doute ce gouvernement n'est pas né de l'aveugle hasard, il n'est pas la création impuissante de quelque faiseur de livres; il plonge dans les entrailles du peuple les plus profondes racines; c'est l'œuvre des siècles, c'est l'œuvre de Dieu.

Peut-être n'y avez-vous pas pensé; pour moi, il me semble qu'il y a, dans cette durée énorme de la monarchie française, une marque non équivoque de la protection divine et un indice éclatant que, malgré certains écarts que je ne puis assez blâmer et que la révolution est venue punir, la France marchait dans les voies voulues de Dieu.

Toujours les lois naturelles produisent leur effet ; un miracle peut, il est vrai, suspendre leur action; néanmoins un miracle de plusieurs siècles est quelque chose que j'oserais dire non au-dessus de la puissance, mais certainement au-dessus de la justice et même de la miséricorde divines.

Qu'opposer dans l'histoire à ce prodige ?

Les empires éphémères de l'Orient ?

Les cent ans de la république d'Athènes, entrecoupés de tyrannies ?

Les cinq cents ans de durée de la république romaine, rongée de luttes intestines et remplie de deux cents dictatures ?

(1) *Disc. sop. Tite-Live,* lib. I, c. LVIII.

L'existence durant un siècle de cette république américaine, déjà si pourrie et qui semble toute préparée à recevoir un empereur?

Et dans l'histoire même de la France, où chercher un point de comparaison?

Puis-je, sans paraître absurde, proposer à vos méditations la *stabilité* des vingt et une constitutions écrites qui se succèdent depuis quatre-vingt-dix ans, et de la vingt-deuxième qui s'écroule sous les coups mêmes de ceux qui l'ont faite. Il faut sourire de pitié à la vue de ces bénévoles « réformateurs » qui ont imaginé qu'ils avaient la puissance de constituer une nation contrairement à son histoire, et qui s'imaginaient pouvoir promettre l'immortalité aux conceptions de leur esprit, parce que, les ayant fixées avec un peu d'encre sur le papier, ils les croyaient émanées de la volonté nationale ou appuyées sur la force de l'épée. Le temps, qui est, comme l'a dit de Maistre, « le ministre de Dieu au département de ce monde, » s'est prononcé souverainement contre tous ces essais humains, et les événements, qui sont le bras droit de Dieu, ont pulvérisé d'une manière terrible toutes ces tentatives faites par l'homme pour se substituer à la Divinité. Vouloir faire des Lois, c'est vouloir prendre la place de Dieu. Lui seul est législateur; tout ce que nous pouvons faire est de reconnaître les Lois qu'il a faites; et le seul moyen de ne pas méconnaître ces Lois, est de laisser en leur place les choses créées. « L'homme, a dit éminemment Donoso » Cortès (1), ne peut maintenir les choses en équilibre » qu'en les maintenant dans leur être, ni les maintenir » dans leur être qu'en s'abstenant d'y mettre la main.

(1) *Essai sur le catholicisme*, l. III, c. III.

» C'est Dieu qui les a placées sur les fondements qui les » portent, et elles y sont bien assises; tout changement » par lequel on cherche à les déplacer, à les asseoir » ailleurs ou autrement, leur fait nécessairement perdre » l'équilibre. Les seuls peuples qui aient été à la fois » respectueux et libres, les seuls gouvernements qui » aient été modérés et forts, sont ceux dans la formation » desquels n'apparaît pas la main de l'homme, et dont » les institutions sont le fruit de cette végétation invi- » sible et lentement progressive d'où tire sa force et » sa croissance tout ce qui a quelque vie, quelque » stabilité dans les domaines du temps et de l'histoire. »

Voilà pourquoi la révolution française, qui n'était que l'explosion de l'orgueil humain voulant se substituer à la sagesse législatrice de Dieu, est si irrémédiablement nulle dans ses œuvres et condamnée pour toujours à la stérilité. La France est assez édifiée sur sa valeur par un siècle de souffrances, de despotisme et d'anarchie; mais il ne tient qu'à elle de poursuivre cette fâcheuse expérience en continuant à se complaire dans les Lois faites par l'homme, et en refusant obstinément le *droit divin*.

Je lâche le mot sans trop d'appréhension. Il fait peur à bien des gens qui, dès qu'ils l'entendent, s'enfuient en se signant comme si le ciel allait s'effondrer sur leurs têtes. Quant à vous, je sais que la droiture de votre intelligence ne s'effraie pas outre mesure de ce qui fait la terreur des modernes gardiens du Capitole.

Le *droit divin*, c'est le droit de tous (1); c'est le droit

(1) Nous prenons ici la notion du *droit divin* telle qu'on la rencontre communément dans toutes les discussions sur la légitimité : on y oppose, au droit, plus ou moins digne de ce nom, qui n'aurait d'autre fondement que la

du faible contre le fort, du juste contre l'injuste, du petit contre le grand; c'est le respect dû au pauvre qui est sur la terre l'image du Christ; c'est le secours dû au malheureux qui personnifie parmi nous Jésus souffrant. C'est l'ordre partout; dans l'individu qui doit vaincre ses passions et s'élever à la gloire; dans la famille où le père doit être obéi, la mère aimée, l'enfant respecté; dans la nation où l'autorité doit être défendue par tous, où tous doivent être protégés par l'autorité, où le pouvoir a des entrailles de père et les sujets un cœur de fils. C'est, dans les classes supérieures, le devoir d'élever, de consoler, d'instruire, de *servir* le peuple; dans le peuple, le devoir de ne pas envier les riches, de reconnaître l'économie divine, et de ne voir dans les biens du monde qu'un obstacle pour arriver au ciel. C'est la charité régnant partout, nivelant toutes les inégalités sociales par l'esprit chrétien qui fait du droit une « charge » et du devoir une « consolation. »

Dans l'ordre politique, c'est toute chose remise à sa place; c'est le pouvoir non donné à tous et exploité par quelques-uns, mais donné aux meilleurs (1) et profitant également à tous.

volonté humaine, le caprice du peuple, par exemple, le droit véritable, c'est-à-dire celui dont le fondement n'est pas seulement humain, mais qui a son origine et sa source dans Dieu lui-même, immédiatement ou seulement médiatement.

Nous devons avouer que l'expression *droit divin*, prise dans ce sens, ne nous paraît pas absolument scientifique; nous l'adoptons cependant, puisqu'elle est le plus généralement admise par les auteurs qui traitent ces matières.

(1) On demande aujourd'hui que tous participent au gouvernement. D'abord c'est un leurre, ensuite c'est une erreur. Le problème politique ne consiste pas à donner le pouvoir à tous; il consiste à le remettre aux meilleurs. On ne veut pas le voir. C'est là cependant l'unique face du problème, et tous les efforts des hommes de bien ne doivent tendre qu'à cette solution.

Le *droit divin*, en un mot, c'est le droit du peuple mis à l'abri des coups de main des intrigants ambitieux et des exploiteurs cyniques, et placé sous la sauvegarde de Dieu ; c'est la Providence veillant sur le monde et donnant à l'individu, à la famille, à la nation « le pain quotidien » qui doit les faire vivre et prospérer.

Que ne voit-on mieux ces choses si simples ! Que ne devient-on pratique enfin ! Que ne repousse-t-on ces malheureux qui exploitent la simplicité du peuple et l'ignorance des riches, dans l'intention de se faire, de la peur qu'ils créent, un moyen pour escalader le pouvoir.

De grâce, devenons sérieux et ne perdons plus la France pour une querelle de mots ou pour la satisfaction d'un amour-propre ridicule. Reconnaissons la vérité, inclinons-nous. Avouons que Dieu seul est la source de tout droit, et qu'il n'y a aucun droit en dehors du *droit divin*.

Faisons taire ensuite nos préférences et nos regrets devant la France qui souffre, alors que l'expérience a si clairement manifesté la volonté divine dans les faits.

On n'échappera pas à la nécessité de reconnaître le droit de la France, en prétendant que la France a beaucoup changé depuis 89. Ce changement est très réel; des défauts se sont révélés, des passions se sont fait jour, dont une sage politique doit tenir absolument compte; par contre, des principes ont voulu se poser dans le droit public qu'il faudra non moins soigneusement mâter, tout cela sous peine de voir recommencer cette instabilité des gouvernements, laquelle a tant retardé la France sur le chemin du progrès et du bonheur. Mais tout cela n'affecte que les formes accidentelles du peuple et non sa nature (1). Si la nature du peuple français avait changé, il faudrait abandonner (2) le nom même de Français, car ce nom est un signe accusateur qui atteste la permanence de la nature du peuple. Au reste, on s'obstine aveuglément à ne pas « concevoir cette vérité si simple, si évidente qu'*avec la même constitution, on peut très bien donner un régime tout différent* (3). »

Bien des gens ont une grande peur de voir revenir l'*ancien régime;* à les entendre l'on dirait qu'ils ont ce malheureux gouvernement à cheval sur leur nez, comme

(1) Un des historiens les plus érudits et les plus sensés de ce siècle présente cette vérité, après de Bonald, d'une façon très heureuse :

« .... Remarquez seulement les modes, dit-il; les vieillards voient reparaître celles qu'ils ont vues dans leur jeunesse, et les savants reconnaissent que ce sont celles des XIIe et XIIIe siècles, à quelques colifichets près; c'est que rien de neuf sous le soleil !

» Il en est de même des nations; le fond de leur caractère ne change point, quoique par les événements il puisse s'améliorer ou se corrompre; ce fond perce ou se manifeste toujours plus ou moins dans les mœurs, les usages, les inclinations et les lois; il est curieux d'en connaître les sources, il est utile pour l'intelligence de ces lois de connaître leur origine, et il est indispensable d'en avoir des notions pour retrouver le bonheur dont les ancêtres se vantent d'avoir joui, lorsque les descendants, séduits par les illusions, se sont écartés des principes qui ont rendu leurs pères heureux. Sans cela, il y faut retourner à tâtons et par des essais souvent plus affligeants que le malheur qu'on veut fuir. Tous les *laudatores temporis acti* ne sont pas de la même trempe; il y en a de superficiels, mais il y en a aussi qui comparent, qui balancent et qui jugent; l'expérience surpasse tous les raisonnements, et quand on ne l'a pas acquise par soi-même, l'histoire seule peut la donner et confondre la présomption. » (Raepsaet : *Œuvres*, t. IV, p. 53.)

(2) Je crois avoir lu quelque part, qu'un de ces « fous » de la génération de 89 avait proposé un jour, pour rompre avec le passé, de remplacer le nom de Français par celui de Gaulois. Cette proposition tomba, et avec raison, sous le ridicule. Elle était cependant très conforme à la doctrine révolutionnaire.

(3) J. de Maistre : *Considérations sur la France*, c. VIII.

M. Ferry semble y tenir en permanence un jésuite. Quand on leur parle de l'ancienne constitution française, ils s'écrient : l'*ancien régime !* s'imaginant avoir répondu à tout par ce seul mot.

Préliminairement, je dirai que les Français d'aujourd'hui n'ont pas le droit d'être si fiers. Après Napoléon Ier qui les faisait taire et devant lequel ils n'osaient remuer, après la république athénienne dont nous contemplons les chefs-d'œuvre, ils pourraient parler de l'*ancien régime* avec moins de haine et moins de hauteur.

Mais on peut se rassurer. Il ne s'agit nullement de restaurer l'*ancien régime*. La révolution, ministre des vengeances divines, l'a abattu, et elle a bien fait son œuvre. Ce qu'elle n'a pas eu la mission, ni par conséquent la puissance d'abattre, parce qu'elle n'avait ni la mission ni la puissance d'abattre la France, c'est cette vieille constitution française qui subsistera aussi longtemps que le peuple et dont l'absence se fait si désastreusement sentir depuis cent ans; ce sont ces vieux principes religieux et politiques qui, victorieux de l'erreur des « régimes » et malgré les fautes des hommes, ont fondé, soutenu, agrandi, mené à la gloire le peuple français.

C'est là ce qu'il faut restaurer.

Cette vieille constitution, ces vieux principes, n'ont pas changé; ils restent les mêmes, mais ils doivent à leur vérité de pouvoir se plier à toutes les situations et dominer tous les régimes. Cela était si bien senti en 89 que nul des trois ordres n'avait consigné dans ses cahiers une demande relative au changement de la constitution.

On se plaignait seulement des abus qui étaient nombreux — qui ont été exagérés depuis avec malveillance, — on ne se plaignait pas des principes du droit français. On réclamait une réforme, on ne voulait pas une révolution. Celle-ci s'est faite ; nul homme qui connaît son catéchisme n'en ignore les causes, et ce n'est pas ici la place de les énumérer. Tout ce que je veux constater pour le moment, c'est qu'en 89, au plus fort des abus, le peuple comprenait qu'on ne pouvait toucher à la constitution, et que celle-ci était bien indépendante des abus dont il se plaignait. Nos pères n'avaient pas notre expérience séculaire, pourquoi raisonnaient-ils juste? Parce qu'ils étaient chrétiens. Et nous qui, depuis cent ans, voyons la France échouer sur tous les bas-fonds, se déchirer sur tous les récifs, pourquoi ne comprenons-nous rien à ce qui se passe? Ah! nous avons bien raison, n'est-ce pas, de nous prétendre supérieurs à nos pères et de regarder avec dédain ceux qui savaient ce que nous avons mis cent ans à... ne pas apprendre!....

Eclairons-nous donc par la grande lumière de l'histoire et, dans ce but, recherchons sommairement les divers éléments qui ont donné à la France huit siècles de stabilité et de grandeur.

De par la constitution naturelle du peuple, la permanence et l'inviolabilité du pouvoir sont consacrées en France par l'hérédité monarchique, appuyée, comme nous le verrons, sur les premiers titres et comme sanctifiée aux yeux du peuple par une durée de plusieurs siècles et des services éminents. La naissance donne le droit; et l'ordre de succession est si rigoureux et, permettez-moi l'expression, *si loi fondamentale*, que le roi lui-même ne le peut changer. Il me suffit, pour le moment, de constater la loi constitutionnelle dans cette matière. Je me borne à observer que, comme toutes les dispositions constitutionnelles vraiment dignes de ce nom, cette loi est plus le droit de la nation que le droit du roi (1).

La liberté n'est pas moins efficacement sauvegardée par la hiérarchie et les corporations. Je sais que l'esprit révolutionnaire n'aime guère ces deux institutions ; je ne le réfute pas. Il y aurait des volumes à écrire sur leur efficacité que les abus inhérents aux choses humaines réussirent bien à cacher, mais ne parvinrent pas à détruire. Il me suffit de savoir que l'*ancien régime*, lorsqu'il voulut (2) asseoir sur des bases solides l'*absolutisme*, conformément aux principes gallicans, s'efforça de les mâter en faisant de la première une hiérarchie de cour et d'antichambre, et des secondes des sociétés réglementées, sans vie propre et sans indépendance. L'autorité rencontrait, dans cette organisation *effective* de la société, plus de bornes qu'elle n'en rencontre aujourd'hui dans les garanties *fictives* de ces constitutions écrites que le glaive déchire ou que l'intrigue falsifie.

Cette hiérarchie et ces corporations participent au gouvernement. Sans doute la nation n'est pas nivelée; les intérêts ne sont pas isolés et rendus impuissants; le peuple, ou ce qu'on appelle de ce nom, n'envoie pas régulièrement, dans des locaux où l'on bavarde, des repré-

(1) On peut assez bien comparer le droit constitutionnel de succession à une « substitution ». Aucun roi ne peut l'aliéner; il doit le transmettre intact à ses successeurs, et tous n'en sont que les dépositaires. Ce droit n'est vraiment établi qu'en faveur de la nation, au bonheur de laquelle il tend et dont il satisfait pleinement l'intérêt primordial, c'est-à-dire le besoin d'un gouvernement stable et incontesté.

(2) L'*ancien régime*, malgré tout le mal qu'on en dit, ne parvint pas à l'absolutisme; l'organisation sociale s'y opposait trop. Il fallut la destruction de cette organisation par les violences révolutionnaires pour rendre possible ce régime déshonorant qu'aucune société chrétienne n'a connu, mais que le XIXe siècle n'ignore pas.

sentants qui posent, votent de mauvaises lois, excitent les passions, compromettent la sécurité et ne font, au bout du compte, que leurs propres affaires. Non; le pauvre trouve un protecteur qu'il respecte et dans lequel il vénère les services rendus à la patrie; les faibles se groupent, s'entr'aident, se soutiennent et se donnent une force qu'isolés ils n'auraient pas; le roi propose la loi, et les états provinciaux et généraux l'acceptent. On n'a pas cette agitation continuelle des constitutions modernes; en revanche on a de la sécurité. On n'est pas soumis aux coups de main d'une assemblée (1), où les passions ont le pas sur la raison, et où la justice n'a pas de droit si elle n'est défendue par la moitié des voix plus une; par contre on est prémuni contre le despotisme par toute l'organisation sociale qui donne à tous les intérêts une force de résistance légale et non révolutionnaire, passive mais puissante.

A la base de la nation, le peuple gagne sa vie par le travail de ses mains; il discute *ses* intérêts, contrôle les dépenses, vote les impôts, et participe ainsi, dans la sphère de sa capacité, mais très réellement, au gouvernement du pays. Celui-ci est, dans le vrai sens du mot, un *self-government*. Cette situation dure même pendant ce qu'on appelle l'*ancien régime;* florissante au moyen âge, elle s'altère à mesure que l'esprit protestant, produisant l'anarchie des intelligences en bas et l'absolutisme en haut, pousse la nation vers la Révolution. En 89, tout l'édifice s'effondre, la décentralisation se meurt, les communes et les provinces n'existent plus.

(1) On reconnait dans le droit civil que la responsabilité divisée ne présente pas de garantie. C'est un excellent principe. Pourquoi ne l'applique-t-on pas ailleurs?

Au-dessus de ce pouvoir démocratique et communal s'élevait l'aristocratie. L'aristocratie! qui a donné lieu à tant de déclamations absurdes et qui a été si violemment attaquée, non seulement par ceux qui pensaient prendre sa place, mais même par ce peuple dont elle sauvegardait la liberté et protégeait la dignité.

Devant un homme moins affranchi de préjugés que vous, je ne prononce jamais ce nom qu'en tremblant. De combien de calomnies (1) n'a-t-on pas accablé cette pauvre aristocratie! Rien n'a été épargné à son sujet. Le nom même est devenu une injure, et on a bientôt décoré de cette appellation non plus seulement les nobles, mais même les magistrats, les prêtres et, en général, tous les hommes de bien qui exercent quelque influence. En ceci, la haine révolutionnaire n'a pas été tout à fait inintelligente. L'aristocratie, en effet, ne comprend pas seulement ceux qui sont nés « sur les genoux d'une princesse ; » comme le mot même l'indique, elle se compose de tout ce qui, dans une nation, s'élève au-dessus du grand nombre, soit par le courage, soit par les vertus, soit par l'illustration des ancêtres, soit par la dignité des fonctions.

Que voulez-vous? L'inégalité qui existe dans la nature physique se retrouve aussi dans la nature morale. Il y a des hommes mieux doués, plus intelligents, plus aptes que d'autres. Veut-on empêcher qu'ils ne s'élèvent au-dessus des autres, et trouve-t-on injuste que leur influence soit plus étendue?

Du moins, on ne peut exiger que tout le monde

(1) Je suis loin de vouloir cacher et encore moins de vouloir excuser la corruption de l'aristocratie de l'ancien régime. Il ne faut que voir la grandeur du châtiment pour comprendre la grandeur des fautes. Je m'élève seulement contre l'injustice moderne qui consiste à ne se souvenir que des fautes *accidentelles*, pour ne plus se rappeler les qualités *essentielles* de l'institution.

ait une illustration égale ; dans le monde social comme dans le monde matériel, deux choses ne peuvent occuper la même place. Il serait plaisant, par exemple, de voir tout le monde officier de la Légion d'honneur; les plus sots finiraient par voir que, du moment que tout le monde est décoré, plus personne ne l'est en réalité. Les distingués n'existent qu'à condition qu'il y ait des non distingués, les gouvernants ne sont possibles que s'il y a des gouvernés.

Tout revient à se demander s'il doit y avoir des distinctions.

La question me paraît « insolente. » Aucun peuple civilisé ne se l'est posée ; car la méconnaissance des mérites par le refus des distinctions, n'est plus que la *barbarie.* Mais quand la nation française se la pose, la question ne me semble plus que naïve. Il n'y a pas au monde de peuple plus avide de distinctions que le peuple français, et il parle de les abolir ! Cela me surpasse. .

Or, les distinctions créent l'aristocratie. Celui qui n'est plus comme tout le monde est de l'aristocratie. Voit-on comment, par les seules lois naturelles, celle-ci renaît chez un peuple, dès qu'il ne veut pas devenir barbare ?

Après tout, on se résignerait à posséder une aristocratie, mais on ne la voudrait pas héréditaire. Ceci est une prétention nouvelle. On dit généralement que les erreurs sont vieilles ; en voici une au moins qui ne l'est pas. L'esprit humain la trouve après six mille ans d'existence. A défaut de raisons, cette nouveauté seule est une réfutation péremptoire. Est-ce qu'on ne comprend plus cette vérité philosophique à la fois et vulgaire, qu'une institution à laquelle on a partout et toujours rendu hommage, ne peut être que bonne en soi, et qu'il n'y a rien de si dangereux et de si absurde que d'aller contre le témoignage des siècles.

Voyez, de plus, l'inconséquence. On s'insurge contre la transmission de l'honneur, et l'on admet l'aristocratie héréditaire des richesses. M'est avis que la première vaut la seconde; et, puisqu'il faut se décider en fin de compte, pour l'une ou pour l'autre, mon choix est bientôt fait (1). Je n'ignore pas que la loi civile tend à annuler la seconde hérédité; mais depuis que Malthus a fait connaître le moyen d'éluder les effets du Code civil, on ne l'évitera pas.

Le XIXe siècle a la prétention de tout refaire et de bâtir un nouveau monde sur des bases nouvelles. Je ne réfute pas cette prétention; l'histoire des essais malheureux qu'elle a produits se charge péremptoirement de cette besogne. Mais il me semble qu'on aurait pu choisir, avec plus d'intelligence, l'heure

(1) On lit à ce sujet, dans l'érudit Raepsaet : « Il y avait donc, chez les Germains, une distinction attachée à la naissance; mais je n'en trouve aucune attachée aux richesses. Serait-ce, peut-être, parce que la distinction attachée à la naissance repose sur le titre des services originairement rendus à la patrie, et que les richesses s'acquièrent très souvent aux dépens de la patrie et de l'honneur? Il me semble que l'exemple de ces peuples demi-sauvages, attachant une distinction aux enfants des grands hommes qui ont mérité de l'Etat, justifie la politique des peuples civilisés, attachant une distinction à la naissance. L'homme vit dans ses enfants, et en honorant en ceux-ci le nom qu'ils portent, l'on n'honore pas seulement la mémoire de celui qui l'a illustré, mais on encourage les descendants à en suivre les traces et l'exemple. » (Tome II, § 11.)

Si cet exemple tiré des mœurs des Germains gêne quelque peu les théories de nos modernes niveleurs, je leur conseille de dire que c'était là une des « superstitions » de ces siècles ignorants. Cette « raison » vaut bien leurs raisons habituelles.

opportune pour attaquer l'hérédité. Ce n'est pas au moment où tout croule sous les coups de la raison émancipée, qu'on doit vouloir renverser une des dernières barrières qui s'opposent à l'invasion du socialisme. Dès qu'on nie, en effet, la légitimité de la transmission par le sang de l'honneur et même des dignités, la transmission des richesses apparaît comme une injustice. Après tout, l'honneur n'est pas un monopole, et les dignités ne sont pas un élément indispensable à la vie. Je connais des gens qui, pour n'être ni barons, ni ducs, portent fièrement un honneur qu'on respecte partout, et d'autres qui, pour n'avoir jamais occupé une fonction publique, coulent leurs jours dans le bonheur et ne se plaignent pas de leur obscurité qui leur épargne bien des misères. On peut donc les acquérir, et, au besoin, s'en passer. Il en est autrement des richesses; il ne suffit pas de les vouloir pour les découvrir le lendemain dans son coffre-fort et, quand on ne les possède pas, on peut trouver qu'on manque d'un objet de première nécessité. S'il en est ainsi, logique pour logique, j'aime mieux celle des prolétaires qui réclament la personnalité des richesses et l'abolition des successions en espèces, que celle de ces vaniteux bourgeois qui exigent la personnalité de l'honneur et qui trouvent injustes les successions soit à l'honneur, soit aux dignités.

Je signale ce point de vue aux théoriciens de l'orgueil moderne.

Je n'insiste pas ; j'aurai d'ailleurs l'occasion de revenir sur ce sujet.

Venant aux faits, je me borne à faire remarquer que, dans le passé, l'aristocratie a rendu de grands services à la France ; c'est elle qui portait en grande partie sur ses épaules les charges publiques, et qui dégrevait ainsi le peuple de l'impôt du sang et de l'argent. On peut le voir, aujourd'hui que les armées absorbent les travailleurs des familles les plus besogneuses et que la dette publique, plus que décuplée, pèse si lourdement sur les classes nécessiteuses (1).

Mais j'ai peur de me perdre dans ces digressions préliminaires.

Notons de suite, pour finir cette revue rapide des principes de la vieille constitution française, l'élément principal qui cimentait les diverses parties de cette organisation et qui la vivifiait : la religion. L'influence en est indéniable; car elle a laissé dans l'histoire de la France des traces si visibles, que Gibbon, qui n'était cependant, au moral comme au physique, qu'un bien laid homme, s'est vu forcé d'avouer que les évêques ont fait la France comme les abeilles font leur ruche. J. de Maistre caractérise admirablement cette action religieuse en France :

« Un caractère particulier de cette monarchie (fran-
» çaise), dit-il (2), c'est qu'elle possède un certain
» élément théocratique qui lui est particulier, et qui
» lui a donné quatorze cents ans de durée : *il n'y a*
» *rien de si national que cet élément*. Les évêques,
» successeurs des druides sous ce rapport, n'ont fait
» que le perfectionner.

(1) On peut dire que notre siècle est le siècle des expériences *a contrario*. Toutes les vérités, sans exception, prouvées par la pratique de nos pères, sont démontrées encore par l'inefficacité de leurs contraires. Si, avec cette double expérience, le xxe siècle n'est pas le plus sage de tous, il faut douter de la raison humaine.

(2) *Considérations sur la France*, c. VIII.

» Je ne crois pas qu'aucune autre monarchie euro» péenne ait employé, pour le bien de l'Etat, un plus » grand nombre de pontifes dans le gouvernement civil. » Je remonte par la pensée depuis le pacifique Fleury » jusqu'à ces saint Ouen, ces saint Léger, et tant » d'autres si distingués sous le rapport politique dans » la nuit de leur siècle; véritables Orphées de la France, » qui apprivoisèrent les tigres et se firent suivre par » les chênes : je doute qu'on puisse montrer ailleurs » une série pareille.

» Mais, tandis que le sacerdoce était en France » une des trois colonnes qui soutenaient le trône, et » qu'il jouait, dans les comices de la nation, dans les » tribunaux, dans le ministère, dans les ambassades, » un rôle si important, on n'apercevait pas, ou l'on » apercevait peu son influence dans l'administration » civile; et lors même qu'un prêtre était premier » ministre, on n'avait point en France un *gouverne-* » *ment de prêtres.* »

La religion était principe fondamental, la pierre angulaire de toute la constitution de France. Le catholicisme était la base de la nationalité, le souffle de la nation. Il a procuré sa gloire au dehors et son repos au dedans. L'esprit catholique est encore aujourd'hui la première condition d'une restauration sérieuse et durable de la France; en dehors de lui, il n'y a pas de salut.

Nous aurons l'occasion de voir tout cela plus amplement dans le cours de ces lettres. J'ai hâte de traiter *in extenso* cette grande question de la légitimité royale sur laquelle vous me demandez spécialement mon avis. Après ce que je vous ai dit de la constitution naturelle de la France, la solution que je donne à cette question ne peut plus vous laisser le moindre doute ; je considère la reconnaissance de cette légitimité comme la condition indispensable du bonheur de la France, comme la condition nécessaire de la rentrée de la France dans cet *ordre divin* que les hommes n'ont pas fait et sont incompétents à défaire.

Oui, pour procurer à votre bien-aimée patrie la paix et le repos, pour lui rendre cette situation exceptionnelle qui fait d'elle l'arbitre de l'Europe et la première nation du monde, il faut :

Rendre au peuple la liberté de ses actes par la décentralisation administrative et par une représentation sincère et conforme à ses besoins;

Refaire, sur la base de l'honneur, des mérites acquis et de la propriété foncière, une aristocratie forte et indépendante, attachée au peuple, mêlée à lui et le « patronnant, » d'après le mot si touchant de la vieille langue;

Il faut surtout :

Rappeler sur son trône ce descendant de saint Louis, qui joint aux titres les plus indéniables, un caractère loyal, un esprit distingué, une vertu admirée de tous, et qui a pu dire avec l'accent d'une sincérité dont personne ne doute :

« Je ne cesserai de faire appel au concours de tous
» les honnêtes gens.... Je puis sauver la France; je le
» dois et je le veux. »

Et vivifier tout cet organisme par le souffle catholique des vieux jours.

Voilà l'édifice qu'il faut reconstruire. L'entreprise n'est pas petite, et je ne dissimule pas ses difficultés. Mais *elle est absolument nécessaire.* Ne pas la tenter serait manquer de courage et de patriotisme, ce qui n'est ni chrétien ni Français. Il faut redire, devant cette œuvre, cette fière parole que disait un jour à une reine de France, un gentilhomme de vieille trempe : « Madame, si c'est possible, c'est fait ; si c'est impossible, *cela se fera...* » avec la grâce de Dieu.

Car persuadez-vous bien que si le salut n'est pas impossible, il ne peut cependant se faire qu'avec l'aide divine. Livré à lui-même, l'homme n'est puissant que pour détruire. Dieu seul peut créer de rien ou relever ce qui tombe. Pour être digne de secours, il faut donc que la France reconnaisse les voies et se soumette à la volonté de Dieu. Quand on s'est mis sous la domination de la république « athénienne », obéir à Dieu n'a rien de dégradant ; c'est même le seul moyen de sortir de l'humiliation, parce qu'en s'agenouillant devant le Maître de toutes choses, on apprend à s'estimer soi-même et à ne plus s'aplatir devant les hommes.

Recherchons donc ensemble les conditions de cette légitimité royale qui forme la clef de voûte de tout l'édifice politique. Montrons brièvement sa justification devant la volonté divine et devant la raison humaine. Nous verrons en même temps qu'en dehors du Roi rien ne peut aujourd'hui retirer la France du malheureux état où elle se trouve, et qu'ainsi le fait présent vient parfaitement s'adapter au droit permanent.

TROISIÈME LETTRE

La première condition de la légitimité. — Le catholicisme.

Mon cher ami,

Je viens de vous dire tout à l'heure qu'on trouve la religion catholique à la base de la vieille constitution française. Ce sujet est digne des plus profondes méditations.

Les politiques de taverne que les nations « libres » se donnent pour chefs, ont le sourire sur les lèvres quand on leur parle des heureux effets de l'influence religieuse ; la « superstition » est bien au-dessous d'eux et digne, tout au plus, de servir d'appât aux imaginations crédules des femmes et de la « vile plèbe, » comme dirait Voltaire. Ces dédains sont faciles. Il suffit pour les avoir de ne rien voir de ce qui se passe de nos jours et de fermer les yeux aux enseignements du passé.

Quant à nous, qui pratiquons la politique expérimentale, dès que nous ouvrons le livre de l'histoire, nous sommes frappés d'un fait universel et indéniable :

partout où la religion est respectée, l'autorité est forte et la nation s'élève ; partout où la religion est méconnue, le désordre règne dans l'Etat et le peuple s'abaisse. Ce phénomène ne se restreint pas aux nations catholiques; il se révèle même là où un faux culte est reconnu, pourvu que ce faux culte garde encore quelques restes vénérables de la Loi naturelle.

Seulement, voyez la différence : tandis que l'autorité, bien essentiel d'un peuple, puise sa force souvent même tyrannique dans n'importe quelle religion, la liberté qui est un don supérieur, un don des âmes, ne s'accorde, d'une façon permanente, qu'aux peuples chrétiens et y exerce d'autant plus d'empire que les principes catholiques y sont plus respectés.

Après les déclamations des sophistes du XVIIIe siècle et des « penseurs » modernes, cette assertion peut paraître paradoxale. On débite assez couramment des tirades très sentimentales sur les « cruautés de l'Eglise, » sa soif de domination et de sang, son insatiable aspiration à tout ramener à une unité despotique où l'esprit étouffe « faute d'air, » etc., etc. Voltaire, le jocrisse de la bande, a même écrit, au sujet de « l'inquisition, » ces vers fameux que tout le monde sait et qui résument, au dire des experts, toute l'histoire de l'Eglise et de son influence :

. . . . Ce sanglant tribunal,
Ce monument affreux du pouvoir monacal,
Que l'Espagne a reçu mais qu'elle-même abhorre,
Qui venge les autels et qui les deshonore,
Qui, tout couvert de sang, de flammes entouré,
Egorge les mortels avec un fer sacré (1).

(1) J. de Maistre dit à ce propos : « *Avec un fer sacré* appartient à Molière, comme tout le monde sait. Entre comédiens tout est commun. »

Aujourd'hui on chante l'équivalent sur tous les tons, et la monotonie de l'air ne semble pas même fatiguer la voix de ceux qui le psalmodient avec conscience, ni les oreilles de ceux qui l'écoutent avec une édifiante bonhomie.

Par malheur, il faudra bien cependant que les uns changent leur air et que les autres lui retirent leur naïve attention.

Car toutes les phrases indignées, toutes les déclamations vertueuses contre la tyrannie ecclésiastique, n'empêchent pas que l'Eglise n'ait, *à la lettre*, apporté la liberté au monde, et que les traditions catholiques ne l'y maintiennent.

Les esprits sérieux commencent à comprendre cette vérité élémentaire et le temps semble venu où, malgré la multitude et le zèle des avocassiers de tout plumage, les faits auront le pas sur l'affirmation gratuite.

M. Guizot, sans se soustraire complètement à ses préjugés sectaires, a reconnu l'action civilisatrice de l'Eglise; des protestants sont venus rendre, d'après la prédiction de J. de Maistre, un hommage solennel à Grégoire VII, à Innocent III, et rétablir la réputation des Papes les plus calomniés. D'autres travailleurs ont fait la lumière sur d'autres points, et ont montré, à leur tour, quel magnifique esprit de charité a présidé à l'action de l'Eglise à travers les siècles. Le dernier mot n'est pas dit, et peu de temps se passera avant que la science n'ait déblayé tout le terrain et mis dans l'oubli les ineptes élucubrations de ces écrivains du XVIIIe siècle lesquels, en histoire comme en politique, avaient tout à apprendre.

On y arrive lentement mais sûrement. Et toutes les

intéressantes histoires « modernisées » ne seront bientôt plus bonnes que pour l'épicier.

Ne croyez pas que je revendique pour l'Eglise une réputation de faiblesse pour l'erreur et de complicité dans le crime, qu'elle n'a pas méritée. L'Eglise, grâce à Dieu, a gardé vaillamment le dépôt des vérités religieuses et sociales que son divin Maître lui avait confié; elle n'a pas trahi son mandat et sa fermeté à ne pas livrer à l'ennemi le précieux trésor de la foi, a gardé au monde la possibilité de la paix et de la liberté.

Elle a mis à remplir ce devoir sacré toute l'énergie d'une mère qui veille au salut de son enfant; et l'esprit de charité (1), qu'elle puise dans le Cœur de Jésus-Christ, lui a fait accomplir ce devoir avec une mansuétude que les passions humaines ont pu ne pas comprendre, mais qui est inscrite en lettres d'or dans la vie des peuples.

L'Eglise a eu à régenter des hommes. Quelle monstruosité que ces hommes aient eu leurs défauts! Elle a dû civiliser des barbares. Qu'y a-t-il d'étonnant à ce que la sauvagerie des mœurs ait fait commettre à ces barbares des actions qui ne cadrent plus avec la sensiblerie moderne! Mais, durant la suite des temps, allez au fond de tout ce qui excite l'admiration et la reconnaissance humaine, de tout ce qui élève les cœurs, adoucit les mœurs et porte à la charité, vous y retrouverez la main de l'Eglise et l'influence de cet amour immense qui a été la « folie » du Sauveur et qui est encore la « folie » de l'Eglise.

(1) On peut dire de l'Eglise ce que les Livres Saints disent de la Sagesse : *Attingit ergo a fine ad finem fortiter, et omnia disponit suaviter.* Sap. VIII, 1.

J'ai à peine besoin de vous le faire remarquer. Le monde moderne, qui ne connaît pas l'Eglise et qui semble ne la vouloir connaître que sur la parole de ceux qui ne la connaissent pas, prend plaisir à se forger l'image la plus fausse de son caractère et de son action. Ses docteurs ont travesti l'histoire; ils en ont fait un carnaval où les traits les plus vénérables ont pris un masque repoussant, où la laideur naturelle des misérables de toute espèce s'est cachée sous des vêtements trompeurs. Depuis trois siècles, l'histoire n'est plus, comme on l'a dit, qu'une « conspiration permanente » contre la vérité.

Ce spectacle est douloureux, moins pour l'Eglise qui a vaincu d'autres ennemis, que pour ce pauvre peuple de l'esprit duquel on éloigne Celle qui peut seule lui donner à la fois la vérité et le bonheur. Il importe de protester et de venger l'Eglise des calomnies de ses détracteurs.

Montesquieu a célébré l'heureuse influence du catholicisme sur la loi civile et, après lui, M. Troplong a mis en évidence, dans un livre consciencieux, l'action puissante de l'Eglise sur le droit romain.

Ce qui est reconnu dans l'ordre civil doit l'être aussi dans ce qui n'est pour ainsi dire que son effloraison, dans l'ordre politique et social.

Lorsque Jésus-Christ mourut sur la croix, le « monde civilisé » était plongé dans l'esclavage. Des millions d'hommes servaient de jouet aux passions et aux caprices de quelques milliers d'autres. On les appelait des choses, *res*, pour bien marquer qu'on pouvait tout faire d'eux. La science, la philosophie, acceptait cet état de choses et ses maîtres, les Platon, les Aristote, prouvaient que l'esclavage était une institution sainte et conforme à l'ordre naturel, que l'esclave n'avait ni volonté propre ni droits, et que pour sûr il n'avait pas d'âme. C'était là tout ce que cette « raison » superbe trouvait de mieux à dire sur ce sujet.

Le sacrifice du Calvaire, sanctifiant les âmes, vint aussi sauver les corps et les volontés; et quelques années plus tard, saint Paul, posant les prémisses de l'affranchissement de l'homme, enseignait qu'il n'y avait ni hommes libres ni esclaves, mais plus rien que des enfants de Dieu. Je n'ai à énumérer que sommairement les étapes que l'Eglise fit parcourir à la civilisation avant d'arriver à la liberté civile : elle commença par favoriser les émancipations par tous les moyens; et, en attendant que la possession corporelle finît par une sage désuétude que son action tendait à avancer et que le mauvais vouloir des peuples retardait (1), elle ordonnait de reconnaître l'esclave comme une personne, de respecter en lui le sceau divin de Jésus-Christ, de lui laisser en un mot la liberté de son âme. Dans l'ordre des temps arriva le servage. Cette institution était un progrès; néanmoins elle n'était que provisoire et ne devait que faciliter la transition de l'esclavage à la liberté complète. Celle-ci exista dès que l'Eglise eut vaincu tous les préjugés et préparé les voies. Le vieux monde était libre. Bientôt le nouveau monde rétablissait l'esclavage. L'Eglise ne se découragea pas; et, tandis que se formait dans la vieille Europe cette secte so-

(1) On aurait tort de croire que l'Eglise fût jamais omnipotente. Le démon et les passions de l'homme ne l'ont jamais permis. Le caractère des siècles nommés « chrétiens » est plutôt dans leur *tendance* à obéir à l'Eglise que dans leur obéissance effective. C'est un point qu'on ne peut assez mettre en évidence.

phistique qui devait tant la calomnier, elle continuait sa mission libératrice dans le nouveau monde où tant de passions méprisaient son autorité.

L'Eglise n'a pas seulement émancipé l'esclave, elle a encore émancipé la femme. C'est une de ses grandes œuvres. La femme qui est, pour nous autres chrétiens, un être si cher et si noble, qui est l'héroïne de toutes les grandes entreprises, qui apparaît à nos yeux comme revêtue d'un caractère divin, en qui se résument nos meilleurs sentiments, la femme n'était pas plus qu'une esclave. Les lois la livraient à l'homme par le divorce et par l'autorité maritale, et les mœurs, les habitudes, venaient encore aggraver sa servitude. L'Eglise la releva ; elle l'ennoblit ; elle lui mit au front cette marque sacrée dont les pires malfaiteurs ne peuvent nier la puissance ; elle lui donna ce patronage magnifique de la Reine des cieux, lequel a fait de la femme la reine de la terre. Faisant cela, l'Eglise remplissait un double devoir ; elle restaurait l'ordre primitif du sixième jour de la création, elle rendait possible la moralité sur la terre (1).

A côté de cette action sociale de l'Eglise, se place son action politique ; et celle-ci n'est pas moins admirable. Partout, durant le moyen âge, de ce chaos de peuples, de lois, de mœurs, de barbarie, que les invasions germaniques et la civilisation romaine produisaient,

(1) J. de Maistre remarque à ce propos (*Du Pape*, l. III, c. II) : « Partout où notre sexe peut commander le vice, il ne saurait y avoir ni véritable morale, ni véritable dignité de mœurs. La femme qui peut tout sur le cœur de l'homme, lui rend toute la perversité qu'elle en reçoit, et les nations croupissent dans *ce cercle vicieux* dont il est radicalement impossible qu'elles sortent par leur propre force.

» Par une opération toute contraire et toute aussi naturelle, le moyen le plus efficace de perfectionner l'homme, c'est d'ennoblir et d'exalter la femme.... »

sortent des nations où l'autorité s'établit, où la liberté politique se développe, sous l'impulsion et les bénédictions de l'Eglise catholique (1). De concert avec les rois, l'Eglise travaille à l'émancipation des communes, à l'établissement des libertés locales, à la participation du peuple à l'administration du pays. Dans le sud de l'Europe, le Pape défend les libertés italiennes contre l'usurpation des empereurs d'Allemagne et bénit cette ligue lombarde qui empêcha l'asservissement de l'Italie. C'est le moment où les *fueros* sont reconnus dans la nation espagnole, où les diètes allemandes se réunissent pour discuter les affaires du pays, où l'Angleterre proclame cette grande charte dont elle a vécu durant six siècles. Alors l'Eglise introduit cette belle cérémonie du couronnement, laquelle assure, sous la foi du serment, prêté par le roi et sanctionné par la puissance ecclésiastique, le respect de tous les droits et la liberté du peuple (2).

A l'apogée de cette action apparaît ce gouvernement représentatif du moyen âge — qui ne ressemble en rien

(1) Les ennemis de l'Eglise ont voulu faire honneur de cette émancipation et des libertés politiques, à « l'esprit d'indépendance » des races germaniques. Ils n'ont pas observé que cet esprit d'indépendance était tout égoïste, et que si les Germains aimaient une liberté, c'était la liberté pour... eux-mêmes. Cela n'offre pas le moindre doute, et je n'en veux d'autre preuve que ce phénomène du droit personnel qui subsista si longtemps, et des « compositions » qui variaient selon que l'outragé était ou un vainqueur ou un vaincu.

(2) C. L. de Haller cite le texte de quelques-uns de ces serments dans le second volume, pages 449 et suivantes, de son bel ouvrage sur la *Restauration de la science politique*. On ne conçoit rien de plus beau et de plus touchant. A côté de ceux-là, nos serments modernes ne sont que ridicules. Les premiers sont de l'Eglise; les seconds de quelques « farceurs » qui, à un moment donné, se sont dits les représentants du peuple.

Le roi de France faisait entre autres cette promesse où brille l'esprit de charité de l'Eglise :

« .... 3° D'être juste et *miséricordieux* en rendant la justice, pour que au parlementarisme moderne — et que Donoso Cortès n'hésite pas à proclamer le plus parfait de tous les gouvernements. Peu à peu, sous l'influence des légistes et des hérésies, la liberté des peuples chancelle; bientôt le protestantisme du XVIe siècle donne le grand coup et, affaiblissant l'influence des principes catholiques, jette le monde dans ce pouvoir absolu qui répugne non moins à la volonté divine qu'à la liberté des peuples. L'œuvre, ourdie contre l'Eglise depuis des siècles par les passions et l'orgueil humain, sous la conduite de celui qui fut homicide dès le commencement, aboutit enfin. Nous en voyons les suites : les empires se dissolvent, l'autorité s'en va, la liberté s'enfuit et les peuples, affranchis du « joug catholique, » tombent du despotisme dans l'anarchie, de l'anarchie dans le despotisme.

Que ne se souviennent-ils de Celle qui les a tirés de la barbarie, qui les a élevés sur ses genoux maternels, leur enseignant les premiers rudiments de la civilisation, les nourrissant à son sein où ils ont sucé le lait de la vérité et du salut !

Que ne rendent-ils hommage à l'Eglise qui fut leur bienfaitrice dans le passé et qui ne demande qu'à l'être dans l'avenir !

Mais non; ils écoutent ceux qui les ont trompés tou-

le Dieu clément et *miséricordieux* nous fasse don à moi et à vous (peuple chrétien) de sa *miséricorde.* »

A l'empereur d'Allemagne, l'évêque consécrateur demandait :

« Voulez-vous gouverner selon la justice et défendre efficacement ce royaume que vous tenez de Dieu?...

» Voulez-vous être le juge intègre et le défenseur dévoué des pauvres et des riches, des veuves et des orphelins?... etc., etc. »

Cela peut déjà suffire à montrer comment l'Eglise s'intéressait avec une sollicitude toute maternelle à garantir aux peuples la liberté et la justice.

jours; ils courent, à leur suite, à la conquête de ces folles illusions qui s'échappent quand ils croient les tenir. Ils se méfient de l'Eglise ; ils se persuadent qu'elle veut exercer un pouvoir tyrannique ; ils ont peur d'elle faute de la connaître. Qu'ils ouvrent les yeux!

Sans doute l'Eglise veut dominer le monde; mais elle ne veut pas le dominer à la manière des conquérants. En quête des âmes, comme le bon pasteur à la recherche de ses brebis, elle agit humblement, sans crainte il est vrai, mais aussi sans prétention. Jésus-Christ lui a donné la terre ; elle y marche en souveraine, mais elle se souvient aussi de ces paroles de son divin Maître : « Celui d'entre vous qui veut être le premier, sera le dernier.... Je suis venu pour servir, et non pour être servi. » Aussi voit-on que le chef de l'Eglise, donnant l'exemple à tous, se fait appeler non pas le Roi des rois, bien que sa dignité égale ce titre, mais seulement le serviteur des serviteurs.

On craint que l'Eglise n'*impose* le bonheur temporel au peuple. On a tort. L'Eglise connaît sa mission et ne l'outre-passe jamais. Elle n'a pas reçu ce mandat, et l'eût-elle reçu elle ne pourrait guère s'en occuper. Son action ne porte pas directement sur le bonheur temporel des peuples ; elle porte sur le salut des âmes, et ce n'est que par contrecoup que son influence, puissante sans doute, mais *latente*, se fait sentir dans le domaine politique. Ah! si cet aveuglement des nations modernes ne prêtait à pleurer à cause de ses désastreuses conséquences, comme on devrait rire en voyant les frayeurs épatantes de cette foule de badauds qui oublient les doctrines anarchiques, les dangers réels, les périls pressants, pour se prémunir contre « les empiètements du clergé et la domination sacerdotale!!! » Quoi! c'est de cela que l'on s'occupe lorsque Catilina est aux portes? Oui, et c'est même la seule chose que l'on sache aujourd'hui. Les césars « déclassés » le répètent aux déclassés de la république devenus « césars, » et Montmartre le redit à Belleville. Tous les échos en sont remplis.

C'est le grand problème politique moderne.

On le déclame dans les comédies et les théâtres, on l'écrit dans les « grands » journaux et dans les livres « sérieux »; on le pose jusque dans « l'auguste sanctuaire, » où quelques bavardeurs, jouant au « peuple souverain, » font et défont les lois.

Vous me direz que j'ai tort de distinguer les comédies des journaux, les théâtres des parlements. C'est bien possible; en tout cas, ce que je sais pertinemment, c'est que, sur l'un ou l'autre tréteau, les acteurs sont des... Grecs, et les spectateurs crédules des... Béotiens. Ni les uns ni les autres — volontairement ou involontairement, cela ne me regarde pas, — ne connaissent le premier mot de leur catéchisme et ne comprennent un iota à ce qu'ils appellent plaisamment le « cléricalisme. » S'ils savaient quelque chose, ils verraient que le clergé a pour dernier souci de se mêler de ce qui ne le regarde pas, et ne demande que la liberté et la protection de son ministère. Sa besogne est déjà assez rude pour qu'il dédaigne d'y adjoindre des occupations qui pourraient l'accabler.

Si les prêtres sont mêlés aux questions politiques aujourd'hui, n'est-ce pas parce que la politique a fait intrusion dans l'Eglise et prétend régenter des choses qui ne sont ni de sa compétence ni de son ressort? Devant toutes les avanies et les injustices qu'on lui fait subir, voudrait-on peut-être que le clergé se taise lâchement et refuse de défendre le droit de Dieu et des peuples, en ne jetant pas le cri de saint Paul : *Civis Romanus sum ?*

Si c'est là le but que l'on poursuit, on se trompe. On ne l'obtiendra pas ; et si on l'obtenait, ce serait le dernier malheur. La paix quitterait définitivement la France, emportant avec elle la liberté !

Veut-on réellement éviter que la question religieuse se pose à tout instant? eh bien, qu'on distingue enfin l'ordre civil de l'ordre religieux ! Que, reconnaissant son incompétence dans les questions religieuses, l'Etat protège la liberté de la foi et les œuvres de la foi, non selon ses caprices du moment, mais selon la règle de la foi ! Personne ne veut, je pense, que l'Etat commande aussi aux âmes et renouvelle ce despotisme antique auquel rien n'échappait dans les actions humaines. Dès lors que le pouvoir humain traite des choses humaines, vote les impôts, répartisse les charges, mais ne s'érige pas en concile. Tout ira pour le mieux. La religion, n'ayant rien à y voir, ne s'y risquera guère.

A-t-on peur de la liberté de l'Eglise ? veut-on tenir les yeux ouverts sur les périls qu'elle fait courir à la nation ? Ceci n'est plus que risible. L'Eglise a fait ses preuves en France. Elle peut hardiment, grâces à Dieu, élever ses quinze siècles de services rendus au pays contre les prétentions de ces « fous furieux » qui n'ont jusqu'ici pu faire que des ruines ; et, forte de l'autorité des Charlemagne, des Suger, des Bossuet, des Pascal, des Newton, des Leibnitz même, elle peut mépriser les accusations copiées de tous les Paul Bert passés, présents et futurs.

Quand on pose la question sur ce terrain-là, il n'y a plus vraiment de « question » ; toutes les frayeurs et tous les préjugés tombent au souffle du bon sens, comme ces châteaux de cartes que les enfants élèvent avec orgueil et qui s'effondrent au moindre choc.

Nos ancêtres, avec leur sens pratique infiniment supérieur au nôtre, voyaient les choses autrement. Aussi, sans trop craindre les empiètements du clergé, qui sortait d'ailleurs de leur sein, ils avaient fait à la Religion la place d'honneur. La nation vivait de la vie catholique. Les âmes et les corps s'en trouvaient bien, l'intelligence n'avait pas l'air d'en dépérir. Sans paraître trop affreusement clérical et rétrograde, il doit m'être permis de croire que la littérature du règne de Louis XIV valait bien celle du XVIIIe siècle, et que la vieille race française avait une force physique presque... équivalente à celle de la race contemporaine.

En regard de l'histoire, ces opinions peuvent, je pense, être soutenues.

Donc le catholicisme imprégnait le peuple et constituait l'élément principal de l'existence nationale. De ce phénomène jaillissait la conséquence que le prince régnant devait être catholique.

C'est le premier élément de la légitimité royale, et il tient en échec le droit qui résulte de l'hérédité. Telle est la raison de la ligue qui, malgré sa défaite, et par une vue miséricordieuse de Dieu, gagna son procès.

Quoi de si naturel que cette conséquence?

La religion est le premier bien du peuple, le fondement de son existence, le ciment de son unité, sa défense la plus puissante contre l'ennemi intérieur, sa consolation dans les malheurs publics et privés, sa force essentielle et son prestige dans les relations extérieures. Peut-on vouloir exposer ce bien précieux en permettant que l'autorité le méprise et donne à tous un funeste exemple ?

Le royaume très chrétien peut-il avoir pour chef un roi qui ne le soit pas? Quelle contradiction ! Il y a une politique catholique, il y en a une qui ne l'est pas; et comment comprendre et surtout appliquer cette politique chrétienne quand on est privé de la foi qui l'inspire et étranger aux saintes croyances du peuple. Le génie est dans quelques rois, il n'est pas dans tous; mais le génie même, s'il n'est pas catholique, n'entend rien à une politique chrétienne; la pratique de la vraie religion donne seule cette intelligence du cœur, cet instinct admirable, ce tact presque infaillible, qui donne la notion de ce que les besoins d'un peuple catholique réclament. Il faut, pour bien gouverner un peuple, être pénétré de ses idées, respirer l'atmosphère qu'il respire, vivre de sa vie. En ceci, l'esprit ne remplace pas le cœur; il peut parer aux difficultés du présent, il ne gardera pas de la débâcle de l'avenir. Nos pères le comprenaient bien ; ils sentaient que cette condition de la foi catholique dans le prince est la première condition d'une politique nationale et le plus sûr garant du maintien de la liberté. Aussi elle était la première loi de cette constitution qui était gravée « ès cœurs de tous les Français. »

Combien la nécessité d'un prince catholique se faisait sentir dans la politique extérieure ! La France s'est toujours cru une mission divine, le témoignage des peuples a confirmé cette croyance; et l'histoire y a apposé un sceau authentique dans un livre écrit par les événements, et dont le titre seul est une gloire : *Gesta*

Dei per Francos. Cette mission catholique ne souffre pas un prince qui ne soit pas catholique. Cela est de sens commun.

C'est votre doux espoir, c'est le mien, que la France n'a pas encore été jugée indigne de cette glorieuse prérogative. Dieu sans doute ne le voudra pas, et les événements contemporains peuvent nous tranquilliser quand nous nous rappelons que partout où l'Eglise a été persécutée ou trahie, la France a fait entendre ses généreuses protestations. Je pourrais donc en rester là. Il me paraît néanmoins utile de faire ressortir pourquoi, à un point de vue plus naturel, une politique et par conséquent un gouvernement catholique s'imposent à votre patrie.

On peut ne pas aimer l'Eglise, ce malheur est possible partout et même en France; mais je ne crois pas qu'il soit possible à un Français de ne pas aimer son pays. Or, de gré ou de force, tous doivent reconnaître que la nation française est catholique. C'est un fait qui s'impose. Je nie qu'on puisse faire qu'elle ne le soit plus : la Providence et les prières des fidèles veilleront sur elle. J'admets cependant qu'on se berce de ce fol et sacrilège espoir; toujours faudra-t-il avouer qu'avant le moment où la France ne sera plus catholique, « beaucoup d'eau coulera sous les ponts de la Seine. » En attendant, pour être raisonnable, il faut s'en tenir à ce qui est. Or, ce qui est indubitablement, c'est que la France est catholique, et qu'un gouvernement, pour répondre à ses vœux, doit l'être de même. Les libres-penseurs qui aiment leur patrie n'ont pas à ergoter là-dessus, ils n'ont pas à raisonner sur le mieux ou sur le *nec plus ultra.* A l'heure même, après un travail révolutionnaire d'un siècle et demi, la France en est encore à ne pas vouloir d'un gouvernement qui ne soit pas catholique. Napoléon III doit à sa protection même apparente des intérêts religieux d'avoir été toléré si longtemps, et il n'est tombé que pour avoir froissé le sentiment catholique. La république d'aujourd'hui ne s'en va que plus vite pour ne pas respecter la religion, et pour ne pas avoir compris cette parole que Lamoricière disait en 1848 : « Je vous prédis que si votre république attaque la religion, elle ne fera pas de vieux os. »

Cela étant, un prince non catholique serait mal venu. On peut s'en réjouir ou s'en affliger, il importe peu. Le fait se pose ainsi, et, comme on l'a dit, il ne sert de rien de se fâcher contre les faits.

Mais si la catholicité du gouvernement est exigée par l'état actuel des esprits, elle l'est bien plus encore par l'intérêt de la grandeur morale de la France.

De nouveau nous nous heurtons à des faits, et ces faits donnent la lumière. La force, le prestige du nom Français en Orient, en Occident, dans les steppes américaines, dans les contrées les plus reculées de la Chine, réside dans l'attachement de la France aux principes catholiques. Partout où vit une âme catholique, cette âme est un appui pour la politique française; et, lorsque le missionnaire porte la bonne nouvelle aux déshérités de la civilisation, il ne leur porte pas moins l'amour de la France que l'amour de Jésus-Christ. Ainsi la propagation de la foi devient un intérêt français, que la passion sectaire et le manque de patriotisme peuvent seuls mépriser (1). Lorsque les questions européennes

(1) Cela est si vrai, qu'on a vu, ces derniers jours, un ministre Français prendre à l'extérieur la défense de ces « terribles » jésuites qu'il persécute à l'intérieur.

se débattent, quels sont, en face de l'envieuse Angleterre, de la Prusse envahissante, de la Russie penslaviste, les intérêts que la France doit défendre si elle veut garder un rang légitime et une influence prépondérante? L'expérience répond pour moi : les intérêts catholiques. Et si même la France voulait abandonner ce poste et prendre en main la défense d'autres causes, le pourrait-elle sans se condamner à la plus irrémédiable impuissance? Jetez un regard autour de vous; toutes les places sont prises. La Russie sauvegarde ou prétend sauvegarder les droits des schismatiques, la Prusse ceux des protestants dont elle est la bien-aimée; l'Angleterre, quand l'opium ne la préoccupe pas tout d'abord, prend en main la propagation sur le continent des principes révolutionnaires et la défense de toutes les causes chrétiennes; elle n'excepte de sa sollicitude que la cause catholique, parce que l'Irlande, démoralisée par son despotisme, porterait témoignage contre elle.

Que reste-t-il encore? La cause la plus puissante, la plus *universelle*, cette cause qui excite l'enthousiasme et produit des martyrs, c'est-à-dire des dévouements héroïques, dans tout le globe : la cause catholique. A peine sortie des langes du Joséphisme, encore emmaillotée dans les langes du libéralisme, nation d'ailleurs de résistance et non d'action, l'Autriche est impuissante à sauvegarder toute seule cet immense intérêt; elle demande un aide, un guide, un chef. La France, refusera-t-elle d'être ce guide et ce chef; et, déclinant l'honneur de marcher à la tête de l'Europe, préférera-t-elle disparaître définitivement de la scène internationale? Renouvellera-t-elle ces déplorables tentatives révolutionnaires qui, après les victoires de Crimée et de Solférino, c'est-à-dire dans la situation la plus splendide, la mirent à la suite de toutes les alliances et bientôt même sans alliances? Ce fameux congrès de Berlin où elle fit si piteuse mine à défendre les intérêts juifs (!!) dans l'Orient, ne l'a-t-il pas désillusionnée pour de bon sur la position qu'elle doit prendre en face de l'Europe et sur celle à laquelle elle ne peut prétendre sans se commander à l'impuissance et au ridicule?

Ces expériences sont décisives.

Or, si la France est si intéressée à défendre les intérêts religieux, qu'elle ne peut les oublier sans descendre et mourir, pourra-t-elle garder ce rang en étant infidèle, elle-même, aux influences qu'elle protège ailleurs et en méconnaissant, chez elle, des droits dont elle réclame le respect chez les autres? Il faut dire que poser la question, c'est la résoudre.

La politique s'unit donc aux faits pour demander en France un prince catholique, et la situation présente, elle-même, d'accord avec le droit chrétien — le premier droit, — exige impérieusement la satisfaction du premier principe de la vieille constitution de France :

UN GOUVERNEMENT CATHOLIQUE.

QUATRIÈME LETTRE

La seconde condition de la légitimité.

Mon cher ami,

Je ne dois pas prouver à quel point éminent Henri V possède la première qualité requise par la vieille Constitution française. Personne ne la lui conteste. On serait plutôt tenté, dans un certain monde, de l'accuser de trop de « cléricalisme, » ce qui signifie, dans le jargon moderne : trop de catholicisme.

Je ne puis m'arrêter à ce singulier reproche : je vois bien qu'on peut être plus ou moins bon catholique, je ne comprends pas qu'on puisse l'être à l'excès. Il ne faut pas redouter en ce monde de devenir trop parfait : cette frayeur ne serait pas absurde, qu'elle serait au moins chimérique, car la perfection est placée hors de nos atteintes. Il est vrai qu'on peut défigurer les principes catholiques et en tirer des conclusions excessives qu'ils ne comportent pas ; mais dès lors, on n'est plus *trop* bon chrétien, on sort de la voie catholique, on tombe dans l'erreur, voilà tout. Or la question est tout juste de savoir si Henri V tire des principes catholiques des conclusions illégitimes. Je me permets de croire que la preuve en est encore à faire par les « théologiens » de nos parlements. Jusqu'ici, on a seulement pu démontrer qu'on a peur des principes catholiques ; pas autre chose. Il faut espérer que la crainte du socialisme et du communisme fera passer cette peur-là. Mais il faut penser, hélas ! que, cette crainte salutaire ne suffisant pas, la société moderne voudra redescendre jusqu'au pétrole et demander à cette matière inflammable des clartés et des lumières que le bon sens ne lui donne plus. Alors seulement elle comprendra qu'on ne s'éloigne pas impunément de la vérité.

Quelle que soit, au reste, l'opinion d'un chacun sur cette matière, nul ne peut prétendre qu'Henri V ne possède pas la première qualité que tout : le droit divin, le bonheur et la grandeur de la France, exigent dans le roi. On peut différer d'idées avec lui, mais il est impossible de l'accuser d'être hérétique.

Cela ne suffit pas. N'exiger que la seule qualité de catholique dans le chef du pouvoir, c'est livrer celui-ci aux compétitions les plus acharnées et le peuple aux divisions les plus profondes.

Or, il ne suffit pas qu'un bon prince soit possible ; il faut encore que le pouvoir soit stable et que le peuple vive en paix. C'est le but qu'atteint la vieille constitution de la France en établissant cet ordre d'hérédité par lequel, de plein droit, le fils aîné succède aux droits du père dans l'exercice du pouvoir suprême.

Il faut admirer encore ici la sagesse des institutions qui naquirent chez nos aïeux sous le souffle du « cléricalisme » d'alors.

Cette forme gouvernementale n'est plus à louer. Elle sauvegarde le repos du pays, éloigne les cabales, évite l'anarchie, assure la bonne administration et le zèle apporté aux affaires publiques, rend le prince sacré aux yeux du peuple, lui procure son affection, et perpétue la nation en perpétuant le pouvoir qui en est la forme conservatrice. De plus, en excluant les femmes, elle prévient une cause de faiblesse dans le gouvernement et surtout empêche le royaume de tomber sous le joug de l'étranger.

Durant huit siècles, la France a expérimenté tous ces avantages. Elle ne paraît plus se souvenir du témoignage éclatant rendu par l'histoire aux principes de son droit public et... ELLE CHERCHE. Depuis cent ans, elle n'a rien trouvé, et elle ne s'imagine pas qu'il y eut un temps où, glorieuse et respectée à l'extérieur, elle jouissait à l'intérieur d'une paix féconde qui donnait satisfaction à ses besoins les plus légitimes; elle ne comprend pas que son gouvernement est tout organisé par la nature (1), qui lui tient en réserve son salut et sa force. D'où vient cet aveuglement? d'une seule cause, de l'oubli des principes catholiques.

La nation française est imprégnée de la fausse idée de la « souveraineté du peuple; » elle croit qu'elle fait légitimement tout ce qu'elle fait, qu'il n'y a de droit que par elle, et que, pour se constituer en toute justice, elle doit se constituer par elle-même. Elle s'essaie à cette œuvre; chaque fois que, livrée à elle-même, elle veut mettre en pratique les idées du contrat social, elle glisse dans le sang et dans la boue où elle reste jusqu'à ce que la force brutale, se mettant au-

(1) Œuvre de Dieu.

dessus de sa volonté, l'en vienne retirer. Pour un instant, les intérêts matériels respirent; et, pendant que la nation délivrée de ce gâchis, se félicite d'avoir un maître, les thuriféraires du pouvoir, se joignant à ses détracteurs, se remettent à prêcher la « souveraineté du peuple; » tous, enseignant à nouveau qu'il n'a de droit que par le peuple et que le peuple est le vrai souverain, préparent un nouvel effondrement.

Quand donc cessera-t-on ce jeu dangereux et fera-t-on comprendre au peuple que le pouvoir, institué pour son bien, mais indépendant de lui et placé au-dessus de ses atteintes, n'est que le ministre de Dieu et n'a de légitimité que dans ce titre? Alors on reviendra à cette royauté française qui tomba sous les sophismes des « droits de l'homme » en 1789. Alors on verra que la nation, en renversant un pouvoir établi, en méconnaissant les principes sur lesquels il reposait, a commis un crime de lèse-divinité qu'elle expie par son sang et par ses hontes, et dont elle n'obtiendra le pardon qu'en restaurant l'ordre divin.

Je ne puis assez le redire, parce qu'on ne le se persuade pas assez. La révolution de 89 — je dis 89 et non 93 — est la source de tous les maux dont la France souffre, parce que 89 est la négation du fondement divin du pouvoir et l'affirmation de l'autonomie des peuples. Dieu ne tolère point qu'on mette le pied sur ses terres, ni qu'on s'arroge un droit dont il a gardé la possession. Dès l'instant qu'on lui dénie un pouvoir, on entre en lutte avec Lui, et la France échappe d'autant moins à cette loi que la reconnaissance la lie plus strictement envers Dieu que les autres peuples. Or sait-on bien ce que c'est que de lutter avec Dieu? Ce combat ne finit jamais que par la défaite de l'homme; celui-ci est écrasé sous le poids des châtiments, ou reconnaît son infériorité en rendant hommage au *droit divin*. C'est ce qui arrivera pour la France. Elle avouera qu'en défaisant, en 89, un pouvoir qu'elle n'avait pas le droit de défaire, en renversant définitivement, en 92, un gouvernement que la volonté de Dieu avait établi sur elle, en continuant à méconnaître l'autorité de celui qui tient ses droits non de la nation mais de Dieu seul par l'hérédité, elle a suivi et suit encore une route qui la mène à sa perte et d'où ne la tirera que son obéissance à la volonté de Dieu (1).

On peut considérer la question aussi sous une autre face, en montrant qu'on a dépouilé, en 92, la Maison de France d'un droit qu'elle possédait.

Ici nous rencontrons surtout deux écolès.

La première, révolutionnaire convaincue, nie ou croit nier toute hérédité.

La seconde, moins logique mais plus prudente, ne conteste que la légitimité de la transmission du pouvoir par l'hérédité.

L'une et l'autre sont dans une erreur palpable, la première par excès, la seconde par défaut de logique. Celle-ci est si contradictoire dans sa doctrine, que la fausseté de ses allégations saute aux yeux; celle-là est si

(1) On s'indigne assez facilement de ce que le catholicisme prêche l'origine divine du pouvoir. Si le prince, dit-on, tient la place de Dieu, donc il peut tout faire. Si Dieu lui a donné le pouvoir de tout faire, oui; et s'il ne lui a pas donné ce pouvoir, pourquoi? Un mandataire remplace bien, je suppose, le mandant et le représente. Si le mandataire n'est que spécial, peut-il faire tout ce que pourrait faire son mandant?

La question est aussi simple que cela. Si on l'embrouille, c'est qu'on a intérêt à le faire, pour rendre d'un côté l'Eglise odieuse, et, d'un autre côté, pour miner le pouvoir dans ses fondements.

contraire à toute réalité, qu'à vrai dire elle se réfute elle-même.

Quelle folie, en effet, de nier toute hérédité! Mais l'hérédité est le principe le plus universel de toute l'histoire et le fondement même de toute existence. Sans la reconnaissance de l'hérédité, ni les faits du passé, ni les institutions sociales, ni la civilisation ne se peuvent comprendre. L'idée de la transmission par le sang est l'explication des institutions les plus sages de l'antiquité; elle domine toutes les traditions humaines, et sa réalisation perpétuelle dans les faits est une preuve irréfutable de sa vérité.

Le paganisme, ne tenant aucun compte de la liberté humaine, a exagéré la portée de ce principe; mais cette exagération même témoigne de la force avec laquelle il était comme incrusté dans le cœur de l'homme.

On ne pourrait le nier sans tomber dans l'ignorance la plus complète, dans l'anarchie la plus irrémédiable. Les trésors de la civilisation, tout ce que nos pères ont appris et nous ont transmis, soit par leurs paroles, soit dans leurs écrits, qu'est-ce que tout cela si ce n'est un héritage? Et pourquoi les familles et les nations existent-elles avec leur patrimoine de gloires ou de hontes, de défaites ou de victoires, de grandeurs ou d'abaissements, si ce n'est parce que le principe héréditaire leur a tout transmis?

Au reste, pour être conséquents jusqu'au bout, ceux qui nient absolument l'hérédité devraient commencer par se nier eux-mêmes. Qu'est-ce que leur vie, leur existence, si ce n'est un héritage qu'ils ont reçu de leurs pères et qu'ils transmettront à leurs enfants?

En résumé, la loi de l'hérédité est la loi commune, la loi

de toute créature. Ne pas la reconnaître, c'est nier toute la permanence de la création. J'aurais peut-être tort de m'arrêter plus longuement sur ce sujet. Je doute fort que la négation absolue de l'hérédité trouve, dans ce monde, un partisan décidé et sans réticence. Ceux qu'on appelle les plus logiques parmi les partisans de l'anarchie, sont seulement à moitié chemin dans les conséquences qu'ils tirent de leurs principes ; s'ils nient la grande loi de l'hérédité, ce n'est encore que dans ce que j'appellerais volontiers sa partie bourgeoise. Je puis donc me dispenser d'insister plus longuement sur la place si importante que l'hérédité occupe dans ce monde.

J'arrive à l'autre école. Elle a des airs plus sérieux, mais sa logique va moins au fond des choses. Elle se contente de nier la légitimité royale. Je ne puis m'arrêter à toutes ses objections; au reste, elle les résume presque toutes dans cette phrase fameuse : « On ne livre pas les nations comme un troupeau de bétail. » Cette objection suprême a grande apparence; au fond, elle n'a pas de sens commun.

Tout d'abord, il ne s'agit pas de livrer les nations « comme un troupeau de bétail; » on étonnerait fort les partisans de l'hérédité en leur disant qu'ils ont un profond mépris pour les peuples. Grâces à Dieu, non; l'homme est trop grand, trop noble, pour être méprisé; et ce n'est pas dans l'école catholique, qui proclame son élévation à l'état surnaturel par la grâce divine, qu'on doit espérer trouver des contempteurs de l'œuvre divine du septième jour. Mais la question est plus simple; il s'agit uniquement de savoir ce qui convient le mieux à la nation, ou un pouvoir héréditaire, ou un pouvoir électif. Si le peuple se trouve réellement mieux de la forme héréditaire, on ne peut pas dire que cette forme est une injure à sa dignité; ce serait là soutenir à la fois l'aptitude et l'inaptitude du pouvoir héréditaire et prétendre qu'il y a contradiction entre les divers besoins du peuple, entre les nécessités de son existence paisible et respectée d'une part et sa dignité de l'autre. *Quod absurdum.*

Ensuite, bien loin que l'on songe à livrer le peuple « comme un troupeau de bétail, » il ne s'agit pas même de livrer le peuple tout simplement. Le peuple n'est pas une propriété; il faut bien le distinguer du pouvoir. Celui-ci est vraiment une propriété que Dieu donne à celui à qui il lui plaît de le donner, sans que l'homme puisse prétendre la conférer ou la ravir. C'est sur la transmission du pouvoir par l'hérédité que l'on raisonne; et on ne voit pas pourquoi elle ne pourrait avoir lieu aussi bien que la transmission de tout autre droit.

Bien plus, elle est presque inséparable de toute hérédité. Elle est même si naturelle que les plus acharnés adversaires de l'hérédité royale l'approuvent d'une autre façon, sans se douter qu'ils « méprisent l'humanité. » En effet, ils acceptent sans protestation les héritages qui leur donnent certains droits de commandement, de supériorité, sur d'autres; aucun d'eux n'aurait, par exemple, la bonhomie de refuser la succession d'une ferme sous le spécieux prétexte qu'accepter cette succession serait hériter des droits du propriétaire sur le fermier. On me dira que le droit royal est bien plus étendu : qui le nie? mais il n'est pas d'une autre nature, et c'est par leur nature et non par leur étendue que les droits se distinguent les uns des autres.

Ce n'est pas tout. Non seulement l'hérédité royale

n'est pas injuste, mais la nier c'est miner dans son fondement toute hérédité, c'est nier la légitimité de la propriété, l'existence des familles, l'identité des nations. Les modernes niveleurs n'ont point pensé à tout cela; c'est une preuve de plus de la légèreté des théories politiques modernes.

Sur quoi se fonde l'hérédité civile? Sur la permanence de la personnalité humaine. Je quitte cette terre; je veux me survivre. Je choisis — ou la loi choisit — un autre moi-même qui me continuera durant sa vie et qui, par le choix d'un héritier à sa mort, prolongera mon existence à travers les siècles. Mon âme immortelle persiste de cette façon à posséder des droits sur cette terre; ce ne sont pas mes héritiers qui possèdent, c'est moi qui possède par eux et qui légitime leur propriété. On a beau dire que cette théorie est une fiction. Oui, c'est une fiction; mais je dirais, si les mots ne juraient ensemble, la fiction la plus « réelle » qu'il soit possible d'imaginer et sur laquelle repose toute légitimité de la propriété individuelle. Si l'héritier ne possède pas comme représentant d'un *de cujus* encore existant, sa propriété naturelle ne se conçoit pas : il a pris un bien que personne ne lui a transmis. Aussi longtemps que le *de cujus* vivait, l'héritier ne recevait rien; et comment comprendre qu'il puisse recevoir de son auteur au moment même où celui-ci n'existe plus? Si on n'admet pas l'immortalité de l'âme, c'est alors qu'une fiction est nécessaire, fiction sans « réalité » que la loi invente et ne peut justifier.

Et voici les conséquences de cette fiction : vous ne tenez votre propriété que de la loi, et le vrai propriétaire, celui qui seul sur cette terre a le pouvoir de disposer, ce n'est plus vous, c'est l'Etat. Voyez-vous poindre le communisme? car si vous ne possédez plus, mais si l'Etat possède, celui-ci peut prendre votre bien. Au moins, cessant un jour de donner force légale à la fiction héréditaire, il se trouvera, en toute justice, maître de tous les biens, et ce jour-là, LE COMMUNISME S'ÉTABLIRA TRÈS LÉGITIMEMENT, sans que vous trouviez rien à y redire.

Pourquoi cela? Parce que vous aurez nié, dans la dynastie royale, cette permanence héréditaire par laquelle le fils continue son père et le père est présent et régnant par son fils; et... qu'on a appliqué vos principes dans le domaine social.

Prenons la famille. Sur quoi repose son existence? Sur cette idée d'une unité morale qui groupe sous son sceptre et comprend dans son domaine toutes les individualités qui la composent. Or cette unité, sur quoi se fonde-t-elle? Sur cette autre idée que l'auteur de la famille vit dans ses enfants; que, lorsqu'il les a engendrés, il leur a donné non seulement ce qui constitue leur individualité, mais encore ce caractère commun à tous, par lequel ils sont de sa famille et se nomment de son nom; et que ceux-ci, à leur tour, ont transmis à leurs enfants ce caractère commun qu'ils ne peuvent dépouiller, mais auquel ils font participer les autres.

Comprend-on pourquoi, lorsqu'on a nié l'identité et l'unité de la famille royale, les lois ont en même temps pris une tendance indéniable à la dissolution de toute famille, et pourquoi les doctrines destructives de cette institution, laquelle sauvegarde toute noblesse et toute civilisation, ont pris tant de force et d'extension et conquis à leurs systèmes tant d'intelligences? C'est que la logique a parlé, et qu'elle a montré clairement aux hommes qu'il est inutile et injuste de donner à la famille bourgeoise et noble un privilège qu'on refuse à la famille royale.

J'ai dit encore que refuser de reconnaître l'hérédité royale, c'était nier à plus forte raison l'identité des nations. Ceci ne souffre pas la moindre contradiction.

Aucune hérédité n'est si pure de tout mélange et si « vraie hérédité » que la royale. Entre les pères et les fils, aucun élément étranger ; l'un descend directement de l'autre.

Dans les familles, l'hérédité n'est plus aussi stricte ; les mariages, les adoptions, peuvent mettre dans sa composition des ingrédients hétérogènes qui ne détruisent pas mais altèrent sa pureté. Toutefois ici encore l'unité subsiste avec une assez grande vérité.

Dans les nations, il en est tout autrement. L'alliage avec les éléments étrangers est plus considérable, et si on pouvait nier valablement l'unité, ce ne serait pas la famille, moins encore la dynastie, mais la nation que cette négation irait frapper. Or, qui songe à nier l'unité des nations et leur identité à travers les siècles? On se dit que si la nation ne se conserve pas pure de tout mélange, son fond primitif subsiste néanmoins, avec une telle persistance et si généralement qu'on peut considérer comme non avenu l'élément étranger qui s'y mêle. Cela est vrai. Mais alors cela est plus vrai encore de la famille, et cela devient évident pour la dynastie.

On voit donc qu'en dernière analyse le patriotisme est en jeu.

Et que l'on ne compte pas, pour sauver le patriotisme, sur le défaut de logique. La logique gouverne le monde et fait tout passer sous son niveau. Jusqu'ici, le patriotisme est puissant; c'est un mot qui subjugue. Mais prenez garde, car cette belle chose s'en va. Déjà on entend des idéologues émettre leurs théories sur la « fraternité » des peuples, sur la marche de l'humanité vers la république universelle. C'est un premier pas; quand l'idée sera mûrie, on trouvera — avec raison — que l'union des nations est une union factice basée sur des divisions de castes, et qu'il faut abolir les nationalités parce que l'égalité de tous les hommes la condamne. Peut-être y a-t-il déjà des esprits pour le soutenir dès aujourd'hui. Or, à ce moment là, le patriotisme (1) sera mort; et le mot lui-même ne sera plus qu'un débris archaïque de la langue française.

Depuis cent ans, nous avons en matière sociale des doctrines abominables. C'est que tout se tient dans ce monde; car, de même que toute chose créée procède d'une seule et unique force créatrice, de même les lois de

(1) Je suis loin de nier que la division des hommes en nations soit une organisation *idéale;* au moins elle est la seule *pratique*, et le patriotisme dans ce monde est une vertu.

Sans la chute originelle, la race humaine n'aurait pas connu les gouvernements humains, ni par conséquent les nationalités, du moins dans le sens actuel du mot, car la famille aurait existé. Mais avec la chute, les gouvernements et les nationalités sont devenus une nécessité pour le maintien de l'ordre et de la liberté.

Je m'élève seulement contre ces malheureux théoriciens — logiques, il est vrai, puisqu'ils ne reconnaissent pas la chute originelle — qui prétendent abolir les barrières placées, avec tant de sagesse, par Dieu entre les peuples, et qui rêvent de faire de cette terre un paradis. Leurs projets sont condamnés à l'avortement. Cette terre est un lieu d'expiation et non de jouissance. « Dans cette basse et obscure vallée, dit quelque part Donoso Cortès, l'homme ne peut aspirer à une félicité impossible sans perdre le peu de bonheur qui lui était laissé. » Pascal dit de même dans son langage pittoresque : « L'homme n'est ni ange ni bête, et quand il veut trop faire l'ange, il fait souvent la bête. »

On ne peut assez faire observer aux hommes politiques ce grand fait de la chute originelle.

tous les êtres ne sont que les manifestations différentes d'une seule et même Loi. Sous cette Loi, toutes les autres se groupent en unités hiérarchiques, et nier l'une d'elles est nier implicitement toutes les autres qui lui sont connexes.

Voilà pourquoi, quand on a nié à la fin du XVIIIe siècle le droit héréditaire du roi, on a vu la propriété individuelle perdre sa force, la famille chanceler sur ses bases et les doctrines les plus subversives de tout ordre dans la société et destructives de tout patriotisme se faire jour avec une force étonnante. Les lois ont fini, malgré les intérêts, par faire dépendre la première de la bonne volonté de l'Etat; elles ont entrepris, malgré les mœurs, de détruire la seconde par des mesures de nivellement et de défiance; et la logique, pénétrant les esprits, a fondé des journaux, formé des écoles, pour soutenir et propager les dernières.

Ne nous plaignons pas; les plaintes sont inutiles. Avouons plutôt humblement nos erreurs; et détruisons-en les racines dans nos esprits et dans nos lois en reconnaissant ce grand *droit* de la légitimité que nous avons méconnu, malgré les leçons de l'expérience, malgré nos principes catholiques, et au détriment de la tranquillité et du bonheur de la France.

On a pu se laisser séduire par la beauté des apparences, on a pu croire que le bonheur du peuple exige qu'il se choisisse pour chef « le plus digne et le plus capable. » Par malheur on avait oublié deux choses : d'abord, que le gouvernement existait et qu'il n'est pas permis de se révolter contre les princes légitimes (1); ensuite, qu'en établissant sur sa France bien-aimée une royauté héréditaire, Dieu

(1) *Syllabus*. Proposition LXIII.

s'était réservé à lui-même le droit de choisir celui qu'il voulait faire régner sur elle.

Je n'insiste pas sur le premier point. Ce que j'ai déjà dit peut suffire.

Quant au second, aucun esprit réfléchi ne le contestera sérieusement. Toutes les voix concordent pour reconnaître l'action divine dans l'hérédité. On l'a dit avec éminemment de vérité: « Dans l'élection, ce sont les hommes qui choisissent, et dans l'hérédité, c'est Dieu (1). » Cela est vrai au pied de la lettre, et il faut ne pas même croire en Dieu pour prétendre le contraire. Ici le libéralisme répond à la doctrine catholique : M. Guizot et l'école parlementaire reconnaissent en pratique l'action divine dans l'hérédité, en admettant la primogéniture dans la royauté parlementaire. La conscience humaine n'arrête pas là la reconnaissance d'une vérité qui a pu être méconnue, mais qui n'est pas méconnaissable; le déisme lui-même lui rend hommage, et on étonnerait bien des gens si on leur disait qu'elle est le fondement (2) de la théorie héréditaire du Code civil. Voici ce que dit à propos de cette théorie, en la faisant sienne, un homme qu'on ne pourra suspecter de cléricalisme, puisqu'il est, en Belgique — ce petit pays où la haine du bien est poussée à de si grands excès, — le plus fanatique adversaire de

(1) Blanc de Saint-Bonnet : *Légitimité*, p. 185.

(2) Le Code civil en a tiré des conclusions illégitimes. Etroit, incomplet de sa nature, le libéralisme ne voit jamais plus d'une vérité, plus d'un droit, à la fois. Le Code civil, fruit de l'esprit libéral, n'a tiré du principe que Dieu choisit dans l'hérédité, des conséquences si excessives, que parce qu'il a oublié les droits du propriétaire.

Il y aurait beaucoup à dire sur cette matière. Cette courte remarque peut suffire, puisque mon but n'est pas de critiquer le Code mais de mettre en lumière le témoignage qu'il rend à une vérité primordiale.

l'Eglise (1) : «.... Quand Domat dit que la succession des descendants, des ascendants et des collatéraux est de droit naturel, il entend par là qu'elle découle de la volonté de *Dieu*, qui a organisé les familles, et *qui fait naître les hommes dans telle ou telle famille suivant les décrets de sa providence.* » Voilà bien, je crois, exprimée en termes « très cléricaux », l'idée que, « dans l'hérédité, c'est Dieu » qui choisit. Plus loin, après avoir appliqué, plus ou moins heureusement, cette vérité à l'hérédité civile, l'auteur reprend comme pour insister encore davantage : «.... Répétons donc avec Domat que *c'est Dieu qui nous rattache à la famille dans laquelle il nous fait naître....* L'homme transmet son sang à ses enfants et descendants, mais *ce n'est pas lui qui crée, ce n'est pas lui qui donne la vie*, C'EST DIEU. »

J'aime toujours d'aller chercher mes arguments chez mes adversaires ; à ce point de vue, je ne pouvais choisir mieux que l'auteur cité ; il suffit de quelques notions élémentaires sur la situation des partis en Belgique pour le comprendre.

Oui, la folie du siècle dernier a été de ne pas voir que la Providence veille sur les peuples par des institutions qu'elle se réserve à elle-même d'établir ou de dissoudre. Son crime a été de porter une main sacrilège sur des choses saintes, placées en dehors du domaine humain, et de renverser des pouvoirs sur la légitimité desquels nul esprit sérieux ne pouvait élever le moindre doute.

C'est pourquoi la France souffre comme tout ce qui est jeté hors des limites de l'ordre.

Elle souffrira jusqu'à ce que, reconnaissant la volonté

(1) Laurent : *Principes de droit civil*, t. VIII, p. 559.

divine et le droit royal, elle ait rappelé sur le trône de ses pères celui qui la gouvernera par « la grâce de Dieu, » par le droit de sa famille et par la force de l'hérédité.

C'est la Loi; la France ne pourra s'y soustraire.

CINQUIÈME LETTRE

Les titres du droit.

MON CHER AMI,

Je viens de vous prouver qu'Henri V est votre roi par droit de naissance, et qu'il ne répugne en rien à la nature humaine qu'il le soit. Le dernier siècle, avant de nier la légitimité de la transmission héréditaire du droit, avait trouvé un de ces « bons mots » affreusement niais, qu'il avait l'habitude d'inventer. Il demandait sur quel « parchemin » les Bourbons fondaient la légitimité royale. Cette objection lui semblait le comble de la sagesse et, aujourd'hui encore, elle paraît avoir si bonne figure que ce siècle XIXe, dit le siècle des lumières, ne se lasse pas de la répéter. Elle n'est cependant qu'insipide et elle dénote, chez ceux qui la font, une ignorance complète de la formation des droits politiques et un profond oubli des conditions d'existence de la vie civile.

Savez-vous ce que c'est qu'un parchemin? C'est une peau d'animal, préparée d'une certaine façon, qui n'a aucune valeur par elle-même, sur laquelle on se borne à constater l'*existence* d'un droit et qu'on emploie seulement lorsque ce droit est contesté ou susceptible de l'être. De telle manière que le parchemin, loin de prouver la force du droit, ne prouve que sa faiblesse; et qu'il n'y a pas de droit plus fort que celui qui n'a pas besoin de parchemin.

Tout droit primitif, c'est-à-dire tout droit-base, manque de parchemin et ne peut en avoir. Qui le donnerait? Les hommes? Mais alors le droit n'est plus primitif. Dieu? Mais il a une autre façon d'écrire qui est plus puissante et plus péremptoire; il a son *fiat*, qui crée au même moment ce qu'il prononce et qui peut, dès lors, se passer d'encre et de papier.

On ne se sert du parchemin que lorsqu'on cède ou transmet un droit, et on ne le fait que pour éviter que le cédant ne puisse nier sa cession ou un tiers évincer l'acquéreur. Voilà tout. Le parchemin est un moyen de défense, et j'ai presque peur de dire — tellement la chose est naïve — qu'un droit n'est jamais mieux assis que lorsqu'il n'a pas besoin de moyens de défense.

Les philosophistes du XVIIIe siècle n'étaient donc pas bien forts.

Voulez-vous voir maintenant quelle est l'imprudence de ceux qui demandent aux Bourbons leurs « parchemins? »

Supposez que les socialistes viennent demander à la bourgeoisie — ils le font déjà — les « parchemins » qui établissent le fondement de leur propriété?

Imaginez-vous que les Prussiens veuillent voir les « parchemins » qui ont légitimement donné à la France l'Alsace et la Lorraine!

Que répondra-t-on? Ira-t-on chercher ces titres? Mais

où les trouver? On n'en a pas. Non; on recourra à une autre preuve. On dira que le temps, en passant son large pied sur la propriété et sur la nation française, a légitimé les deux possessions, qu'il a effacé l'*usurpation* primitive de la première (1) et détruit les vices qui ont pu exister dans la formation de la seconde.

On aura recours à la prescription; et, pour obtenir la paix et la sécurité, on se réfugiera dans les bras de ce *préjugé*, après avoir eu tant de mépris pour les « *préjugés* d'un autre âge. »

Est-ce que je blâmerai ce procédé? Non; car il est juste et raisonnable. Le temps a cette vertu de prescrire les droits; ne pas reconnaître la légitimité qui naît de son action, c'est livrer tout à l'instabilité, à l'inquiétude, au désordre. Je dis seulement qu'en face des socialistes et des Prussiens, la France, dite moderne, ne peut raisonnablement invoquer la prescription. Cela pour deux motifs : d'abord, parce qu'elle ne comprend pas le secret de la légitimité de la prescription; ensuite, parce qu'elle refuse de la reconnaître partout et se contente de l'invoquer d'après ses caprices. Cette ignorance et ce défaut de logique ôtent toute valeur à ses paroles et toute autorité à ses raisonnements.

Quel est le fondement de la prescription (2)? Est-ce le temps? Qu'est-ce que le temps considéré en lui-même? Une abstraction qui n'a pas d'existence réelle. Est-ce l'assentiment de la société? Qu'est-ce que cet assentiment considéré en lui-même? Un certain concours

(1) Toute propriété est une *usurpation*, c'est-à-dire : a commencé sans titre.

(2) Je laisse de côté les conditions de la prescription, ce sujet est trop aride et n'est d'ailleurs pas nécessaire à la matière que je traite.

de volontés, lesquelles peuvent reconnaître le droit mais sont impuissantes à le créer. Est-ce le fait? Qu'est-ce que le fait? Souvent une injustice, toujours une « brutalité » qui, par elle-même, est incapable de fonder un droit. Est-ce à la fois le fait, le temps et l'assentiment de la société? Trois nullités qui se juxtaposent ne forment jamais, que je sache, une unité. Quel est donc ce fondement?

Le monde « moderne » ne le saura jamais; et toujours, quand il voudra sauver les débris de la civilisation matérielle, il devra se retrancher derrière un argument qu'il est impuissant à comprendre. Car ce fondement n'est autre que cette volonté souveraine qu'il ignore de propos délibéré; il n'est autre que Dieu, qui pose les faits ou permet qu'ils se posent et qui sacre leur légitimité en manifestant sa volonté par le temps, « son ministre au département de ce monde. »

Avant toute organisation de la société, un bien est vacant. Un homme s'en empare; c'est un fait sans valeur en lui-même. Ce fait crée un droit. Pourquoi? Parce que Dieu veut la propriété individuelle et abandonne au premier occupant le droit sur les terres. Telle est la nécessité et la nécessité crée la légitimité, car ce qui est nécessaire est conforme à la volonté divine.

Il y a parallélisme dans la constitution du pouvoir. L'autorité est vacante, mais l'autorité est nécessaire; un homme, une aristocratie, la démocratie s'en empare. Ce fait, s'il satisfait pleinement aux conditions requises dans l'autorité, devient droit (1), et le gouvernement, soit

(1) Les moyens peuvent être mauvais; celui qui s'en est rendu coupable en porte la responsabilité. Mais l'autorité, étant nécessaire, se constitue nécessairement par un fait. Elle peut être légitime malgré les vices qui l'infectent, si elle remplit les conditions requises.

royal, soit aristocratique, soit démocratique, devient le gouvernement légitime du pays.

Mais une fois que la société existe, une fois que le pouvoir humain et visible garde l'ordre au lieu et place de Dieu et par sa volonté, l'usurpation cesse de devenir la source des droits, et ceux-ci ne s'acquièrent et ne se transmettent plus que d'après les règles tracées par l'autorité. Car c'est la besogne et le devoir du pouvoir de protéger les droits acquis et de veiller à ce que nul ne soit troublé dans la paisible possession de sa chose et dans sa liberté. Dès lors, au reste, rien n'est plus à prendre ; tout est pris, toutes les places sont remplies ; la propriété est divisée entre les hommes, l'autorité confiée à un être certain. Les places non occupées, si tant est qu'il en reste, sont dans le domaine du pouvoir qui les distribue avec équité. Qui les posséderait en dehors de lui? Personne évidemment. Mais comment légitimer leur possession par le pouvoir, sinon en ce que tout appartient à Dieu et que le pouvoir constitué est son mandataire?

Il arrive encore que dans la société une chose est délaissée ; le pouvoir, pour l'une ou l'autre cause, ne la possède pas. Cependant elle est créée pour être soumise au droit de l'homme. Un nouvel occupant s'en empare. Quand un certain temps sera passé, il en sera propriétaire. Le temps, ministre de Dieu, aura marqué la volonté divine.

Bien plus, un fait irrégulier se produit, la bonne foi l'accompagne. Le temps, toujours ministre de Dieu, efface le vice et stabilite le droit.

Les faits se prolongent dans le temps ; leur durée même les confirme par une manifestation plus éclatante de la volonté divine; c'est la prescription qui se fait jour.

En faveur des droits, aucune preuve n'est plus palpable, plus forte, plus irrésistible que la prescription.

Quand un droit doit être prouvé par le raisonnement, le champ s'ouvre au doute : on peut refuser son adhésion aux démonstrations les plus péremptoires, embrouiller les situations les plus claires, rendre incertains les droits les plus évidents. Mais, quand la prescription se découvre, toutes les arguties, toutes les habiletés sophistiques tombent. Elle s'impose brutalement, irrésistiblement, comme un fait; il ne faut être ni jurisconsulte ni savant pour la saisir. Elle est à la portée de tous; elle est vraiment la lumière universelle. C'est la preuve mise par Dieu au service des plus ignorants, pour que le droit soit perçu même par les plus ignorants.

La loi civile a compris sa nécessité.

Les auteurs du Code, malgré leurs préjugés révolutionnaires, et après avoir violé les droits prescrits dans l'ordre politique, moral et religieux, se sont arrêtés à mi-chemin, sentant l'ordre matériel chanceler sous leurs pieds; ils ont reconnu la légitimité de la prescription. Les raisons qu'ils ont données de cette institution sont assez peu mûries. Les prémisses sont bonnes : « La prescription, dit Bigot-Préameneu dans l'exposé des motifs, est, de toutes les institutions du droit civil, la plus nécessaire à l'ordre social; » elle est « une sauvegarde nécessaire au droit de propriété. » Et après? plus rien. Nous avons jusqu'ici une explication des avantages de la prescription, nous n'avons pas sa justification. Cela se comprend : l'école révolutionnaire ne pouvait aller au delà, car elle ignorait le privilège de Dieu sur les biens de ce monde. Elle ne savait pas que Dieu a sur toutes les choses un domaine suréminent qui légitime toutes les possessions ; domaine qu'il délègue pour les choses de la vie matérielle au pouvoir humain, et qu'il se réserve à lui-même sur le pouvoir. Aussi, plus loin, le même orateur est forcé d'avouer que la prescription n'est pas toujours juste ; il s'en console en disant que « l'équité ne peut se trouver blessée que dans des cas particuliers. » La consolation est belle ! si l'équité se trouve blessée quelquefois, donc la prescription n'est pas juste en elle-même ; et elle ne tient plus qu'à une convention humaine que les hommes peuvent faire ou défaire à leur gré.

Il aurait fallu recourir au droit de Dieu, qui est, comme le dit éminemment Donoso Cortès, le seul droit réel, et en vertu duquel tout droit subsiste et se justifie.

Eh bien, si la vieille royauté française n'a pas un de ces papiers noircis d'encre qui ne démontrent rien, elle possède le titre qui prouve tout, et elle le possède à un degré auquel peu d'institutions humaines peuvent prétendre. Huit siècles de durée, c'est sans doute une possession suffisante pour défier toute contestation ; si cette longue suite d'années ne place pas les droits de la royauté au-dessus de toute discussion, quelle prescription sera respectable ? Il faut permettre de contester toute propriété ; il faut soumettre au balottement des opinions, laisser saper dans leurs fondements les droits les plus respectables de la famille, des parents, de l'autorité, des sujets ; il faut nier la légitimité de l'existence nationale, morceler la nation en provinces autonomes, et revenir à ce qui existait avant que la Royauté et l'Eglise n'eussent élevé l'édifice magnifique de la France.

En face de ce droit politique, qui a autant et plus prescrit que la nation française elle-même, quelles prétentions peuvent se faire jour avec quelque apparence sérieuse ? Après les tentatives qui se sont faites depuis 93, la question est oiseuse. La nomenclature seule des gouvernements qui se sont succédé depuis cette époque néfaste est la plus éclatante démonstration du droit permanent des Bourbons. Faisons cette énumération malgré l'amertume qu'elle peut causer à tous ceux qui, comme nous, aiment la France.

Nous avons eu :

La constitution de l'an III ;

Le régime des quatre consuls ;

La constitution de l'an VIII ;

Le consulat ;

L'empire ;

La première restauration ;

Les cent jours ;

La deuxième restauration ;

La monarchie parlementaire de 1830 ;

La constitution républicaine ;

La dictature du prince-président ;

La présidence décennale ;

Le deuxième empire ;

La dictature du 4 septembre ;

La constitution Rivet ;

Le septennat.

Ce n'est pas tout ; j'ai négligé :

Le gouvernement du Sénat en 1814 ;

Napoléon II ;

La lieutenance du duc d'Orléans, en 1830 ;

Le gouvernement provisoire de 1848 ;

Le pacte de Bordeaux.

Et comme si cela ne suffisait pas, voici encore ce gouvernement innommable dû à la constitution Wallon et qui, après avoir fait ce que vous savez, de la gloire, de l'influence et de la sécurité de la France, s'apprête à passer le sceptre à une nouvelle commune, en regard de laquelle la première ne sera probablement qu'un jeu d'enfant.

Est-ce là ce qui a prescrit contre la vieille constitution française? Est-ce là ce qui manifeste, contre les droits d'Henri V, la volonté de Dieu et l'assistance de sa grâce? Est-ce là ce qui permet à la France d'oublier ce qu'elle doit à cette vieille dynastie qui l'a faite et de se jeter, au mépris de la reconnaissance même, dans les bras de ces charlatans qui l'ont tant de fois abusée?

Ne m'objectez pas que la Restauration, elle aussi, est tombée. J'aurai l'occasion de vous dire plus loin la vraie cause de cette catastrophe. Mais ce fait n'a pas d'importance dans la question actuelle; car, s'il faut des preuves péremptoires en faveur d'un droit qui est encore à naître, il n'en faut aucune pour un droit existant. Il suffit de démontrer que l'autorité légitime n'est pas autre part, pour prouver par là-même qu'elle est restée où elle était auparavant. Il est, en effet, de principe que la continuation d'un droit se présume jusqu'à preuve contraire; et cette preuve contraire ne se découvre pas.

Je sais que la meilleure partie du bonapartisme a tenté de prouver que la dynastie napoléonienne est la « quatrième dynastie. » C'est là un abus de mots qui met à découvert des aspirations éminemment conservatrices, mais qui cache aussi un misérable défaut de logique.

Rien n'est moins sérieux que cette assertion.

D'abord, il n'y a pas même « une dynastie » napoléonienne. Je vois bien que deux hommes nommés Napoléon ont gouverné la France ; je comprends bien encore qu'il y a une « famille » Bonaparte ; mais ce que je ne remarque pas, c'est une « dynastie. » Une « dynastie » est une famille qui gouverne ou qui a gouverné un pays par droit de naissance. Or, ce n'est le cas ni pour l'un ni pour l'autre des Napoléons.

J'excuse le premier ; il devrait, dans la théorie bonapartiste, être le chef de la dynastie ; on ne peut donc exiger de lui qu'il tienne son droit de sa naissance ; cela est clair. Aussi je ne tirerai de la manière dont il est arrivé au pouvoir, aucune raison contre sa légitimité.

Mais voici son successeur réel : Napoléon III. Remarquez d'abord que ce « successeur » offense quelque peu l'idée que nous avons de l'hérédité. En effet, Napoléon III ne descend pas de Napoléon Ier ; il est de la même famille, mais de qui tient-il ses droits? Du père de Napoléon Ier, lequel est seul le lien qui les unit. De telle sorte que Napoléon III arrive aux droits « dynastiques » *par l'intermédiaire d'un homme qui ne les a jamais eus.* Comprenez-vous cette transmission? Pour moi, je vous l'avoue franchement, je ne me l'explique pas.

Si ce vice radical ne suffit pas à vous convaincre qu'il n'y a pas encore de « dynastie napoléonienne, » il en est un autre qui la rend impossible jusqu'ici; c'est que Napoléon III n'a pas « succédé » à son oncle. A-t-il invoqué ce droit héréditaire lorsqu'il s'est présenté au peuple? Non; il a invoqué, ou plutôt il a évoqué des souvenirs ; il s'est offert non pour l'empire, mais pour la présidence. Rien de plus. Je ne crois pas qu'il ait parlé une seule fois de son droit héréditaire, qui devait être, pourtant, le fondement de ses droits « dynastiques. » Oh! dirai-je avec un journal bonapartiste : « nous aurions beau jeu, si nous voulions nous étendre sur tout ce qu'il y a d'incohérent, d'inexplicable dans ce prétendant à la succession de Napoléon Ier (1), qui aspire à la présidence de la République.... »

Loin donc que les Napoléons forment la *quatrième* dynastie, les faits qui se sont passés jusqu'en l'an de grâce 1880, leur ôtent même la possibilité de former « une dynastie. »

Napoléon Ier pouvait être le chef d'une maison régnante ; Napoléon III ne pouvait être son successeur.

Celui-ci, à son tour, pouvait fonder une famille impériale ; sa descendance étant éteinte, et ce triste personnage, le prince Jérôme, n'aspirant.... pour le moment du moins, qu'à la présidence, tout espoir de ce côté-là doit être abandonné.

Où est la dynastie napoléonienne?

Ce n'est pas tout. Non seulement la dynastie n'existe pas ; mais, rien ne prouvant les droits des Napoléons, leur gouvernement n'est pas plus légitime que celui du premier venu. Comment prouver, en effet, sa légitimité? Je me suis souvent demandé quelle réponse satisfaisante on peut donner à cette question. On ne peut la prouver avant toute constatation ; on n'y songe pas : aussi bien c'est impossible. Etablir *a priori* la légitimité d'un gouvernement est une idée qui peut germer dans la tête d'un encyclopédiste, mais qui ne prendra jamais racine dans le cerveau d'un homme de bon sens. En eux-mêmes tous les gouvernements sont bons ; il ne faut pas plus en vouloir à la république qu'à la monarchie, à l'empire qu'à l'aristocratie. Tout dépend du caractère du peuple et de diverses cir-

(1) Le *Pays* du 2 mai 1880, dont j'extrais ces mots, parle du prince Jérôme et dit : Napoléon III ; je ne change que les personnages.

constances. La seule pierre de touche en tout ceci est l'expérience. Or, si elle se prononce avec force en faveur de l'ancienne royauté, son témoignage est désastreux pour l'empire. Le premier, empire après douze anse d'un despotisme sans nom, élevé et soutenu par la main d'un homme de génie, se brise à Waterloo comme un vase d'argile dont les débris sont foulés aux pieds des passants. Le second, après avoir satisfait et flatté tour à tour l'intérêt catholique et l'intérêt révolutionnaire, s'effondre sous le poids de ses fautes dans la triste journée de Sedan.

Dieu, qui tient en ses mains les destinées du monde et qui donne le gouvernement des peuples à qui il lui plaît, pouvait, sans doute, élever, sur les ruines du trône royal, le trône impérial et, condamnant les Bourbons, remettre sa « lieutenance » aux mains d'une race nouvelle. Nul ne peut connaître ses desseins. Mais ici de nouveau les faits ont clairement manifesté sa volonté. Il a voulu châtier, sur les plus saintes victimes de la famille, les fautes commises contre l'Eglise par les Bourbons; il a fait expier à Louis XVI, à l'angélique Marie-Thérèse, aux plus saints de cette descendance si féconde en vertus, à Henri V lui-même, l'infidélité des ancêtres. Il les a frappés de la mort; il les a abreuvés des souffrances de la prison et des amertumes de l'exil. Seulement, pendant que sa justice, se servant de l'injustice des hommes, se payait les dettes échues et ouvrait ainsi les voies à la miséricorde, Il ne permettait pas aux faits nés de la révolution de prescrire contre les droits de la Maison royale. Tour à tour sa main, selon les mérites ou les démérites de la France, soutenait les gouvernements ou les abandonnait à eux-mêmes, c'est-à-dire à la mort; jamais elle ne souffrit qu'on méconnût ses intentions. Les républiques et les constitutions artificielles n'ont été qu'éphémères ; et, à trente-cinq ans de distance, les deux empires, qui n'avaient entre eux aucun lien véritable et qui ne sont que deux faits sans enchaînement réel, se sont vus arrachés de leur base *sans avoir pu*, ni l'un ni l'autre, *produire un seul fait d'hérédité.*

Cette expérience est instructive, et sa force démonstrative ne peut être niée. La prescription refuse donc aux Napoléons ce droit qu'ils ne peuvent établir sur un autre titre.

Mais j'entends de plus révolutionnaires que vous invoquer la volonté nationale et préconiser la souveraineté du peuple.

Je vous ai dit, au commencement de ces lettres, ce qu'il faut penser de cette théorie. Je n'y reviendrai plus ; j'ajouterai seulement ici que cet « appel au peuple, » dont on fait tant de bruit, est absurde dans la théorie napoléonienne et contraire même à la pratique du parti.

Il est absurde dans la théorie napoléonienne. C'est visible. On veut organiser une dynastie, et d'un autre côté on parle de la volonté du peuple. Mais ne voit-on pas que l'un principe exclut l'autre? Organiser une dynastie, c'est laisser à la nature le soin de procurer un chef à la nation et enlever ce choix au peuple. Proclamer la souveraineté du peuple, c'est donner à celui-ci le droit de se choisir, à tout moment de son existence, le chef qu'il veut se donner et de se débarrasser à tout instant de celui qu'il ne veut pas, ce qui est le renversement de toute dynastie.

Ne dites pas que le peuple a déclaré par ses plébiscites qu'il veut la dynastie napoléonienne. Le peuple d'hier ne peut pas lier ainsi ses descendants ; car ceux-ci, à un moment donné, forment, aussi bien que leurs ancêtres, le peuple-souverain. N'objectez pas que ces derniers pourront renvoyer leurs empereurs, car c'est nier le droit dynastique.

Contradiction dans la théorie, j'ai dit encore que l'appel au peuple n'est pas conforme à la pratique du parti. Vous me permettrez de ne pas insister au sujet de Napoléon Ier; il se « plébiscitait » lui-même. Quant à Napoléon III, qui était un peu gêné par la théorie révolutionnaire et qui ne se sentait pas aussi fort que son oncle, il se fit « consacrer » par des plébiscites (1).... après être devenu le maître. Avouez avec moi que ce système est ingénieux : il consiste à tenir quelqu'un suspendu au-dessus de l'abîme et à lui demander de se décider, dans la « plénitude de sa liberté, » s'il veut qu'on le retienne OUI ou NON. Un pareil procédé n'est pas honnête. Je conviens cependant qu'il n'est pas mal inventé, et que le peuple qui dirait, dans ce cas, « ne me retenez pas, » aurait un courage qui ressemblerait singulièrement à la folie. Aussi j'ai déjà eu l'occasion de vous dire personnellement que, malgré mon peu de sympathie pour le gouvernement impérial, je ne me serais pas cru le droit de voter : NON; c'eût été faire un saut dans les ténèbres et retomber dans l'anarchie ou s'enfoncer de plus en plus dans le despotisme.

(1) Les plébiscites ne sont qu'une mauvaise plaisanterie ou une mauvaise action. Un pouvoir légitime, qui se sent fort de son droit, et qui a, comme dit Bossuet, « des entrailles de père, » ne se les permettrait jamais.

Supposez que le peuple eût voté *non;* quelle était la position de l'empereur? Il devait ou faire un nouveau coup d'Etat, ou livrer la nation à l'anarchie; de toute façon être parjure, ou à sa parole ou à son mandat.

A défaut de l'honnêteté, la politique exige qu'on ne se mette jamais dans une pareille alternative.

Voilà cependant la sincérité des plébiscites... après coup, tels qu'on les a pratiqués jusqu'ici.

Au reste, si on veut respecter la volonté nationale, qu'on la respecte aujourd'hui. Le peuple s'est prononcé. Convoqué au lendemain de la guerre franco-allemande, il a clairement manifesté sa volonté; et ses représentants, qui eurent si peur de faire autre chose, n'eurent pas un moment d'hésitation pour proclamer la déchéance de l'Empire. Voilà bien, je crois, la volonté nationale plus librement exprimée que dans les plébiscites; à moins que les théoriciens ne tiennent compte que de celle qui leur plaît, ce qui serait le comble de l'habileté mais aussi.... la fin de leur théorie.

Je m'arrête ici dans la discussion du droit impérial; je ne veux pas porter, sur la politique intérieure et extérieure des deux empires, un jugement qui ne saurait être que sévère. J'ai déjà peut-être assez froissé vos anciennes convictions et je ne tiens pas à vous faire plus de peine encore. Au reste, ce que j'ai dit peut suffire au but que je me suis proposé en vous écrivant ces lettres.

Je veux rendre justice à tous, vous le savez, et je reconnaîtrai sans difficulté qu'il y a eu des moments où le régime du sabre a fait du bien à la France; mais je ne veux pas admettre que ce régime soit un gouvernement normal et que la France soit faite pour le sabre.

L'empire a eu son utilité (1); il a sauvegardé de grands

(1) Je ne résiste pas au plaisir de citer ce que J. de Maistre écrivait, dans le même ordre d'idées, à la baronne de P.... en 1802 :

« Il n'y a, disait-il, qu'un usurpateur de génie qui ait la main assez ferme et » même assez dure pour exécuter cet ouvrage (préparer les éléments pour une » réédification de la France). Qu'aurait fait le roi au milieu de ces décombres? » Soit qu'il eût voulu transiger avec les préjugés ou les fouler aux pieds, ces » préjugés l'auraient de nouveau irrévocablement détrôné. Laissez faire intérêts ; il a inscrit sur son premier programme et réalisé dans ses premiers temps une noble devise ; mais il n'est qu'un phénomène et une apparition passagère, sans garanties de durée et de bonheur. L'empire, c'est le refuge des peuples désorientés et jetés hors de leurs voies, contre le débordement des principes révolutionnaires ; c'est le dernier expédient des nations sans principes, acclamant la dictature par peur de l'anarchie.

Alors, domptée pour un instant et courbée sous la force, non moralisée, non convertie, la bête révolutionnaire, digne héritière des Romains de l'empire, ignorant la liberté, méconnaissant le caractère de l'autorité, ne demande plus aux Césars que du pain et des plaisirs : *Panem et circenses.* Cela s'est vu, et cela se verra. Un pareil régime peut avoir transitoirement quelque chose de bon ; toutefois il n'a rien de commun, malgré les illusions les plus généreuses, ni avec la vieille monarchie,

» Napoléon. Laissez-le frapper les Français avec sa verge de fer ; laissez-le » emprisonner, déporter tout ce qui lui fait ombrage ; laissez-le faire une » majesté et des altesses impériales, des maréchaux et des sénateurs. Alors, » Madame, comment voulez-vous que le peuple, tout sot qu'il est, n'ait pas » l'esprit de se dire : il est donc vrai qu'une grande nation ne peut pas être » gouvernée en république ! Il est donc vrai qu'il faut nécessairement tomber » sous un sceptre quelconque et obéir à celui-ci ou à celui-là.

» Je reprends donc mon terrible dilemme : ou la maison de Bourbon est » usée et condamnée par un de ces jugements de la Providence dont il est » impossible de se rendre raison, et, dans ce cas, il est bon qu'une nouvelle » race commence une succession légitime, celle-ci ou celle-là, n'importe à » l'univers ; ou cette famille auguste doit reprendre sa place, et rien ne peut » lui être plus utile que l'accession passagère de Bonaparte, qui rétablira » toutes les bases de la monarchie, sans qu'il en coûte la moindre défaveur » au prince légitime. Je ne sais ce qui arrivera, mais je sais que ceux qui » disent, *c'est fini !* n'y entendent rien. »

Plus d'une remarque de cette belle page peut s'appliquer à la République et à Napoléon III.

ni avec les vrais besoins de cette France qui vit de passions magnanimes et saintes.

La Restauration a essayé de donner à la nation un gouvernement libre à la fois et fort. Elle a échoué dans cette tâche, sous le poids des difficultés de la situation et par l'effet des principes erronés qu'elle n'avait pas suffisamment rejetés de son sein (1). Elle avait tout contre elle : les passions révolutionnaires que Napoléon avait comprimées mais non détruites, et qui furent d'autant plus hardies et actives contre un gouvernement tolérant, qu'elles avaient été plates et lâches devant un gouvernement qui les bridait; ensuite le parti légitimiste lui-même, qui avait été atteint par le souffle pestilentiel de la Révolution et qui n'était pas assez profondément catholique pour permettre d'inaugurer un gouvernement réparateur et d'avenir; enfin la constitution parlementariste, arrachée à la sagesse de Louis XVIII et qui fournit aux « comédiens de quinze ans » le moyen de discréditer la royauté sans donner aux fidèles des armes pour la défendre. Contre ces obstacles, le bon sens de Louis XVIII et la piété de Charles X furent impuissants.

Restaurée sur de pareilles bases, la Royauté serait impuissante encore. C'est pour n'avoir pas voulu faire un nouvel et désastreux essai, qu'Henri V est resté dans l'exil. Bien des gens se sont étonnés de ce que le roi n'ait pas accepté les conditions qu'on lui posait en 1873 : « Pourquoi avoir refusé, disent-ils, et nous avoir laissé subir les hontes du présent? » C'est là ne rien com-

(1) Un des grands politiques de notre siècle, le prince de Metternich, disait en 1815 à Louis XVIII : « Votre Majesté croit fonder la monarchie; elle se trompe. C'est la révolution qu'elle prend en sous-œuvre. »

Les événements ont prouvé la vérité de cette parole.

prendre ni aux responsabilités de cette année néfaste, ni à la gravité de la situation présente. Tout était à relever, tout était à refaire. On a proposé au Roi de se laisser lier les bras pour le bien et de donner aux autres toute liberté contre la France. Il a refusé ce marché de dupes; il a compris que, chef de la maison de France, non pour la satisfaction des coteries et des partis, mais pour le bonheur du peuple, il devait à sa mission de sauvegarder l'avenir. Il a senti qu'il ne pouvait pas se laisser amoindrir sans manquer à son devoir et il n'a pas voulu d'un trône destiné à périr, afin de pouvoir refaire, au moment opportun, à l'heure de la Providence, un gouvernement stable et bien assis. Il faut plaindre à la fois, et ceux qui l'ont mis dans cette triste nécessité, et ceux qui n'ont pas compris la grandeur de son refus. Pour moi je ne crains pas de le dire malgré les susceptibilités que ces paroles peuvent faire revivre :

Le jour où Henri V a repoussé le trône dans les conditions où on voulait le lui offrir, il a posé un des actes les plus féconds et les plus salutaires de toute sa vie, qui est cependant si pleine d'œuvres parce qu'elle est si pleine de grandeur, de sagesse et d'honnêteté. Ce jour-là, il s'est gardé pour savoir mieux servir la France en ne servant pas les factions et les ambitions vulgaires.

Dieu en soit loué ! la France vivra!

SIXIÈME LETTRE

Manie peureuse des Français. — La nécessité de la France.

Mon cher ami,

Nous venons de voir où est le Droit.

Y a-t-il lieu d'avoir peur de celui qui le représente?

Si l'on comprenait bien la force des *principes*, on ne songerait pas à poser cette question. Malheureusement on ne regarde plus aujourd'hui que la personnalité des *hommes* qui représentent les principes. Force m'est donc de montrer encore, après tout ce que je viens de dire, qu'on a tort de se défier de la personne du roi.

La preuve n'est pas difficile. Ce n'est pas que la mauvaise foi ne se soit mêlée de l'obscurcir.

Que n'a-t-on pas dit contre Henri V? quels préjugés stupides n'a-t-on pas nourris contre lui? On a soutenu qu'il voulait être roi absolu; et ce mot a donné des frissons de terreur à ceux qui admirent Napoléon I et qui se sont trouvés contents de Napoléon III. On a ajouté qu'il rétablira les abus de « l'ancien régime, » qu'il gouvernera par l'intermédiaire d'une noblesse de cour, qu'il persécutera les non-catholiques etc., etc., que sais-je enfin? Des gens, ne se comprenant pas trop eux-mêmes, n'ont pas manqué d'affirmer qu'il ressusciterait « la dîme et les droits féodaux... » comme si l'Etat moderne se contente encore d'impôts si bénins!... J'ai lu, quelque part, que, par-dessus le marché, Henri V forcera tout le monde d'aller à la messe et à confesse!

Tout cela, sans doute, n'est qu'enfantin ; mais, comme le « peuple souverain » est un grand enfant, ce sont là les hochets dont on l'amuse. Laissons ces misères et parlons sérieusement.

J'ai souvent réfléchi à ce qui se passait en France. J'ai étudié, suivi attentivement les événements, lu et relu l'histoire du commencement de ce siècle, et j'ai remarqué ce fait étonnant :

A chacune de ses situations critiques, si fréquentes dans ce siècle, *la France a refusé les hommes qui lui présentent le plus de garanties, pour se mettre à la merci du premier aventurier venu.*

Je ne veux froisser personne et je ne juge personne ; mais n'est-il pas vrai qu'on a toujours préféré l'inconnu au certain?

Au sortir de la terreur, que fait la nation? elle ne jette pas un regard sur le passé. Bonaparte la domine ; elle ne murmure pas contre lui, bien au contraire ; ne connaissant de lui que ses victoires et son audace, par lassitude et par peur, elle se livre tout entière à son bon plaisir.

Que de peines il lui faut avant de reconnaître ce Louis XVIII et ce Charles X qui relevèrent ses ruines, guérirent ses blessures et ne s'en allèrent qu'après lui avoir donné, malgré son ingratitude et aussi malgré l'Europe, l'Algérie, première étape vers l'Egypte où est le nœud des destinées de la France.

Que fait la nation en 1830? N'ayant pas osé ouvrir la bouche devant Napoléon I et ne se trouvant pas assez libre sous la Restauration, elle renverse le gouvernement pour une question douteuse de légalité (1).

On acclame Louis-Philippe, auquel personne ne songeait un an auparavant et dont on ne connaît que l'esprit d'opposition; on se fie au parlementarisme complet, sans demander des garanties de ceux qui le préconisent.

En 1848 on veut s'amuser à organiser de petites émeutes; on fait, sans le savoir, une révolution. Pour gouverner dans des circonstances si difficiles, on s'en remet à l'habileté de Lamartine, qui avait fait de beaux vers, un peu vides parfois, et qui avait « banqueté » avec fureur.

Le socialisme semble un moment sur le point de déborder. On choisit comme président un homme presque inconnu hier; mais il est neveu de Napoléon I, et il a dit seulement ces trois mots : Religion, famille, propriété. Cela paraît suffire. On lui permet de se faire empereur, et plusieurs millions de voix ratifient sa prise de possession du pouvoir.

Au sortir de là quelques avocats se proclament les amis de la liberté. On ne leur savait que de la misère et des

(1) Quand je dis : la « nation, » ce n'est qu'une manière de parler. Je veux dire : quelques meneurs et spécialement ces éléments révolutionnaires qui bouillonnent dans Paris et qui prétendent constituer à eux seuls le «peuple-souverain. » Quant à la nation, dans sa grande masse, elle ne se mêle guère de renverser ou de faire les gouvernements. Le peuple ne « mène » jamais; il est toujours « mené. » Aussi la bonne politique consiste à faire en sorte qu'il soit bien mené. Toute la question politique est là.

habits râpés; on les accepte néanmoins; et M. Gambetta exerce la dictature. Il tombe, et pendant qu'on se précautionne encore contre le roi qui présente toutes les garanties, qu'on se fortifie dans des préjugés et qu'on s'obstine dans des animosités que rien n'explique, quelques habiles ramènent sur l'horizon de la politique un brave et digne soldat qui n'était pas né pour ce milieu. On sait qu'il a gagné des batailles, c'est tout; on remet le salut de la France entre ses mains.

Vous voyez où tout cela a mené la France. Je ne veux pas scruter, avec vous, les conséquences fâcheuses de la Révolution, ni prouver dans ses détails cette douloureuse vérité, qu'à l'heure actuelle il n'y a plus un seul principe politique qui soit accepté par tous et qui puisse devenir une base sûre pour le gouvernement à venir. Je me borne à constater ce fait : que, se jetant tour à tour dans tous les excès, dans la licence ou dans le despotisme selon la frayeur du moment, la France s'est toujours livrée avec bonheur au premier venu sans lui demander les moindres garanties. J'ajoute qu'elle ne paraît pas décidée à suivre dans l'avenir une voie plus raisonnable, qu'en ce moment même elle serait capable de se donner à tous les charlatans qui lui promettraient de la sauver, et qu'elle ne reculerait peut-être pas devant la nécessité de se livrer à ce prince « déclassé » qui est une insulte vivante à la religion qu'il a insultée et à la famille qu'il a outragée. J'espère que Dieu épargnera cette honte à la France, et c'est mon meilleur espoir. Mais voilà où les choses vont naturellement.

Or, pendant que tout cela se passe ou se prépare, voici l'homme le plus honnête de ce siècle; il est une des grandes figures de notre temps; il inspire le respect même à ses ennemis et arrache des éloges à ses adversaires. Sa loyauté est reconnue par tous, et nul n'ose nier la largeur de son esprit ni son patriotisme. Depuis cinquante ans en exil, en spectacle au monde depuis quarante-cinq ans, il prodigue, dans un style princier, l'expression de ses sentiments ; il dit qu'il fera respecter l'autorité et sauvegardera la liberté, qu'il sera le père du peuple. Tous croient en sa sincérité et savent qu'il ne pourrait mentir.

Qu'arrive-t-il? Va-t-on à lui comme aux autres? Lui dit-on : « Roi de France, nous vous connaissons; depuis un demi-siècle nous savons votre vie, nous entendons votre voix. Ce que vous dites est bien. Votre honneur et votre sincérité, que nul acte de votre vie n'a jamais démentis, nous assurent que vous nous gouvernerez avec justice et avec fermeté. Venez régner sur nous! »

Non ; on a peur de lui, et quand, pour sauver la France aux abois, on l'appelle, c'est en lui demandant des garanties qu'on n'a demandées à nul autre, en lui posant des conditions qui sont une atteinte à son honneur et qui rendront impossible sa mission de salut!

Comprenez-vous cela? Pour moi, je ne puis presque pas m'en rendre compte. Je vous le dis franchement : ou le peuple français est fou, ou il y a, dans ce fait que je vous signale, quelque chose qui ne tient pas à l'homme mais qui vient d'autre part. Le grand de Maistre a dit de la révolution de 89 qu'elle a un « caractère satanique. » Ce caractère persiste — car la révolution n'est pas encore finie, — et il continue de se révéler. Dieu a donné, jusqu'en ces temps, un certain pouvoir sur la nation française à celui qui, ayant été homicide dès le commencement, n'apporte partout avec lui que les catastrophes et qui ne saurait vouloir que la France se relève de ses ruines, parce qu'elle reprendrait dans le monde sa place civilisatrice et redeviendrait le champion de l'Eglise.

Otez cette funeste influence, et tout de suite vous verrez ce peuple et ce roi, si bien faits pour s'entendre, se jeter dans les bras l'un de l'autre et ouvrir, par leur réconciliation, une ère de gloire et de prospérité pour l'Eglise et pour la France.

Avant les cataclysmes qui se préparent de nouveau pour votre patrie et qui seront, je l'espère, le dernier acte de la justice divine, il est un livre que tous les hommes d'ordre doivent lire et méditer : c'est le recueil des lettres d'Henri de France. Ils y retrouveront comme la fleur de cette vie sans tache, toute remplie de patriotisme et d'honneur, qui s'est écoulée dans l'exil; ils y découvriront les traces de cette étude continuelle des hommes et des choses, qui a mûri la vaste intelligence du roi et qui fait de lui, à l'heure actuelle, l'homme le plus pénétré de respect pour la liberté du peuple et possédant, au plus haut degré, le sens de l'autorité forte et clémente.

Si la nation devait choisir le plus digne et le plus capable, pourrait-elle faire un meilleur choix? Aucun trône ne lui donnerait un tel exemplaire de toutes les qualités requises pour régner en France. Dans le pays de l'honneur, des aspirations généreuses et désintéressées, dans le pays de la foi et de la civilisation, Henri V, soyez-en sûr, sera le premier. Fils dévoué de l'Eglise, chef de famille admirable, gardien incorruptible de son droit qui est aussi le droit de la France, ayant manifesté ces qualités durant une vie de plus d'un demi-siècle, c'est vraiment lui qui peut inscrire sur son drapeau :

Religion, famille, propriété; et cette devise sera dans sa bouche une vérité.

Mais rien de tout cela n'est contesté. La calomnie, qui s'attaque aux plus honorables caractères, n'a pu subsister devant l'éclat de ses vertus. Ne trouvant rien dans le passé, elle s'est efforcée de dénigrer l'avenir. Elle a dit qu'Henri V gouvernerait par la caste de ceux qui lui sont restés fidèles dans l'exil, et repousserait ceux qui ont, de bonne foi, cru servir la France sous un autre drapeau. C'est là l'accusation capitale.

Vous me permettrez de faire remarquer qu'elle n'a été faite contre aucun autre prétendant à la couronne et qu'elle a été réservée pour Henri V (1). Eh bien, ces garanties que l'on demande sont néanmoins accordées. Malgré vos aspirations politiques contraires, vous avez toujours rendu hommage à la loyauté du caractère royal. Je vous rends ce témoignage. Or, écoutez la voix de celui dont vous proclamez vous-même la sincérité. Dès 1848, Henri V écrivait au duc de Noailles :

« .... Je crois avec vous que le concours de tous les hommes de cœur, de talent et d'expérience, est nécessaire au rétablissement et au maintien de l'ordre dans notre patrie. Je vous l'ai déjà dit, étranger et inaccessible à

(1) N'avez-vous jamais observé qu'Henri V a la gloire d'être traité presque toujours comme l'Eglise? Le monde moderne ne prend aucune précaution contre les charlatans de l'erreur; il se livre avec délectation à leurs désastreuses expériences. Il les appelle, les loue, les exalte, en fait ses dieux; et la mort lui est douce, donnée par ces mains souillées. Mais contre l'Eglise, que de précautions! Il a peur qu'elle ne vive trop, qu'elle ne soit libre de faire et de répandre le bien; à chaque instant, il se prémunit contre elle et l'enchaîne. En un mot, il y a, dans la conduite des peuples vis-à-vis de l'Eglise, une oblitération du bon sens, laquelle me ferait désespérer de l'avenir des peuples, si je n'avais confiance dans la Miséricorde.

Or, ne tient-on pas identiquement la même conduite à l'égard d'Henri V?

toutes les passions qui perpétuent les funestes discordes, je regarderai comme le plus beau jour de ma vie celui où je verrai tous les Français rapprochés par les liens d'une fraternité véritable.... Exempt de préjugés, loin de me renfermer dans un esprit étroit d'exclusion, *je m'efforcerai de faire concourir tous les talents, tous les caractères élevés, toutes les forces intellectuelles de tous les Français, à la prospérité et à la gloire de la France.* »

A vingt ans de distance, dans sa proclamation du 9 octobre 1870, il disait :

« Effaçons jusqu'au souvenir de nos discussions passées, si funestes au développement du véritable progrès et de la vraie liberté.

» Français, qu'un seul cri s'échappe de votre cœur :

» Tout pour la France, par la France et avec la France. »

La lettre du 8 mai 1871, un des chefs-d'œuvre du cœur royal d'Henri V, et que je voudrais transcrire tout entière, contenait encore ces paroles :

« Vous vivez, me dites-vous, au milieu d'hommes de tous les partis, préoccupés de savoir ce que je veux, ce que je désire, ce que j'espère.

» Faites-leur bien connaître mes pensées les plus intimes et tous les sentiments dont je suis animé.

» *Dites-leur que je ne les ai jamais trompés, que je ne les tromperai jamais, et que je leur demande*, au nom des intérêts les plus chers et les plus sacrés, au nom de la civilisation, au nom du monde entier, témoin de nos malheurs, *d'oublier nos dissensions, nos préjugés et nos rancunes....*

» On se dira que j'ai la vieille épée de la France dans la main, et, dans la poitrine, ce cœur de roi et de *père qui n'a point de parti. Je ne suis point un parti, et je ne veux pas revenir pour régner par un parti.* Je n'ai ni injure à venger, ni ennemi à écarter, ni fortune à refaire sauf celle de la France, et je puis choisir partout les ouvriers qui voudront loyalement s'associer à ce grand ouvrage. »

Il ajoutait en 1872 :

« Dieu m'en est témoin, je n'ai qu'une passion au cœur, le bonheur de la France. »

Il écrivait, en 1873, à M. de Rodez-Bénavent :

« Appliquez-vous surtout à faire appel au dévouement de tous les honnêtes gens sur le terrain de la réconciliation sociale. *Vous savez que je ne suis point un parti, et que je ne veux pas revenir pour régner par un parti :* j'ai besoin du concours de tous, et tous ont besoin de moi. »

En 1866, dans une lettre au comte de Saint-Priest, ce même désir d'oublier le passé se retrouve encore. Prévoyant les catastrophes à venir, Henri V lui disait :

« Est-il nécessaire d'ajouter qu'après tant de déchirements, un des premiers besoins de la France, c'est l'union? *La seule politique qui lui convienne est une politique de conciliation,* qui relie au lieu de séparer, qui mette en oubli toutes les anciennes dissidences, *qui fasse appel à tous les dévouements, à tous les mérites, à tous les nobles caractères* qui, aimant leur patrie comme une mère, la veulent grande, libre, heureuse et honorée. »

Déjà, en 1844, le langage d'Henri V était le même :

« Je l'ai dit et je le répète, écrit-il au général Donnadieu, si jamais la Providence m'ouvre les portes de la France, *je ne veux pas être le roi d'une classe, ni d'un parti, mais le roi de tous.* Le mérite et les services seront les seules distinctions à mes yeux. »

Il faut finir ces citations. Permettez encore, cependant, ces deux dernières :

« Je me suis constamment efforcé de prouver, par mes paroles comme par ma conduite, que, si la Providence m'appelle à régner un jour, je ne serai pas le roi d'une seule classe, mais le roi ou plutôt le *père de tous.* Partout et toujours, je me suis montré accessible à tous les Français, sans distinction de classes et de conditions. Je les ai tous vus, tous écoutés, tous admis à se presser autour de moi.

» J'ai toujours cru qu'il faut que toutes les classes de la nation s'unissent pour travailler de concert au salut commun, y contribuant, les uns par leur expérience des affaires, les autres par l'utile influence qu'elles doivent à leur position sociale. Il faut que toutes soient engagées dans cette lutte du bien contre le mal; que toutes y apportent le concours de leur zèle et de leur active coopération; que toutes y prennent leur part de responsabilité, afin d'aider loyalement et efficacement le pouvoir à fonder un gouvernement qui ait tous les moyens de remplir sa haute mission et qui soit durable.

» J'apprécie tous les services qui ont été rendus à la patrie; je tiens compte de tout ce qui a été fait à différentes époques, pour la préserver des maux extrêmes dont elle était et dont elle est encore menacée.

» J'appelle tous les dévouements, tous les esprits éclairés, toutes les âmes généreuses, tous les cœurs droits, *dans quelques rangs qu'ils se trouvent et sous quelque drapeau qu'ils aient combattu jusqu'ici*, à me prêter l'appui de leurs lumières, de leur bonne volonté, de leurs nobles et unanimes efforts pour sauver le pays, assurer son avenir, et lui préparer, après tant d'épreuves, de vicissitudes et de malheurs, de nouveaux jours de gloire et de prospérité.

» Telles ont été dans tous les temps et telles sont encore mes dispositions et mes vues (1). »

Et plus tard, Henri V insistait sur le même sujet.

« Loin de repousser personne, disait-il, je serai heureux, au contraire, d'accueillir tous les hommes utiles, *dans quelque situation politique qu'ils se soient trouvés*, à quelque nuance d'opinion qu'ils appartiennent, pourvu qu'ils apportent au service de l'Etat un zèle éclairé et un véritable dévouement. Car, si la Providence m'appelle à remonter un jour sur le trône de mes pères, je n'aurai pas trop du concours de tous les talents, de toutes les capacités, de tous les caractères honorables, de tous les cœurs qui aiment sincèrement leur patrie, pour m'aider à remplir les grands devoirs qui me sont imposés (2). »

Je devrais citer tout, dans ces lettres où se trahit une intelligence et un cœur vraiment royaux c'est-à-dire paternels.

Eh bien! est-ce que ces paroles, sortant d'une pareille bouche, ne vous persuadent pas qu'Henri V a le cœur assez grand et l'esprit assez large pour ne se souvenir d'aucun passé. Roi par devoir plus que par goût, sachant refuser un trône plutôt que de perdre la France, il a donné des preuves assez éclatantes qu'il n'en peut vouloir même à ceux qui ont combattu son retour. Que lui importe personnellement le trône. Son existence est assez douce à Froshdorf pour le dissuader de chercher le

(1) *Correspondance*, p. 106.

(2) *Correspondance*, p. 126.

bonheur dans cette France où tout se décompose et où la couronne n'est qu'un lourd fardeau. Entouré de l'estime, de la vénération de tous dans son exil, il ne rencontrera sur le trône que l'envie, la haine, les plus absurdes oppositions de la part des adversaires de la monarchie, et peut-être pas même toujours la justice de la part de ses amis. Il ne l'ignore pas, et s'il maintient son droit à la couronne, c'est par nécessité, sachant que la France a besoin de son principe pour retrouver la paix et accomplir sa mission dans ce monde. Libre de toute considération personnelle, il n'a pas d'adversaires personnels, et tous ceux qui veulent relever la commune patrie, qu'ils se trouvent divisés sur les moyens ou qu'ils marchent dans la vraie voie, sont également aimés de lui et peuvent en attendre un égal respect et une égale faveur.

Toute sa vie passée est un garant de l'avenir, et sa loyale parole, répétée cent fois, doit tranquilliser à ce sujet les plus craintifs.

Vous me permettrez d'ajouter qu'en sa qualité de Bourbon, il ne peut pas ne pas agir ainsi. Fils du duc de Berry, dont la dernière parole fut une parole de pardon pour son assassin; neveu de Louis-Antoine, qui fut un saint, et de Marie-Thérèse qui fut une sainte; petit-fils de ce Charles X, si incompris et si calomnié, mais dont l'histoire mettra en lumière la magnanimité et les vertus, Henri V doit à son sang, à toutes les traditions de sa famille, de ne pas distinguer entre les Français. Sa naissance a obtenu le pardon du meurtrier de son père, et il ne consentira pas, à la fin de ses jours, à souiller par la partialité un commencement si magnanime.

Un chef de parti doit s'appuyer sur son parti, sous peine d'impuissance. Le Roi légitime ne s'appuye que sur son droit et sur la conscience nationale; c'est son devoir; c'est aussi sa force.

Je ne sais vraiment pas comment les Français ont fait jusqu'ici pour ne pas apercevoir ces simples vérités! Ont-ils perdu la mémoire du passé, ou ne comprennent-ils plus le langage chrétien de celui que Dieu leur réserve dans sa miséricorde?

Encore une fois, je ne m'explique ces faits qu'en me disant que la France est sous l'empire d'un esprit qui s'acharne à lui enlever toute mémoire, tout sens politique, toute vue de la réalité des choses. Elle sent, voit, retient tout à rebours. Je ne particularise pas cette remarque, qui trouve sa justification non seulement dans la conduite de la France à l'égard d'Henri V, mais encore dans tout ce qui se passe aujourd'hui. Votre malheureuse patrie est littéralement tournée sens dessus dessous. Elle ne comprend plus même ses mots, et sa langue, si claire jadis, si philosophique, est devenue une Babel que personne n'entend de la même manière, et où les plus belles choses prennent un vilain nom et les plus vilaines choses un nom magnifique.

De grâce, que la France revienne à elle; il en est bien temps. Qu'elle voie la réalité et rejette les folles imaginations; qu'elle remette l'ordre dans ses conceptions, dans sa politique, dans sa situation sociale. Car tout cela est bouleversé. Vous-même l'avouez, et c'est la raison de ces lettres que vous me demandez.

Où trouver un homme pour tout refaire, et qui ait pour cette œuvre les qualités d'Henri V? La paix intérieure est détruite; il vous apporte l'autorité dans sa forme la plus haute. La liberté du bien s'en va et toutes les mauvaises passions dominent; il a la volonté et réclame là puissance d'extirper le ferment révolutionnaire. Son expérience, son amour pour la France, son désintéressement, ce grand caractère que nul ne peut s'empêcher d'admirer, le prédisposent à comprendre avec largeur les exigences d'une restauration sérieuse, durable et féconde, du vieux royaume français. A l'extérieur, la diplomatie se ridiculise et le prestige français ne cesse de baisser encore depuis que M. Waddington siégea... pour la forme, dans le fameux congrès de Berlin. Henri V apporte un nom respecté, le prestige d'une race vieille de dix siècles, une tradition politique qui, après avoir formé la France et l'avoir mise à la tête des nations, l'a sauvée en 1814 du démembrement, et lui a légué en 1830, comme témoignage de ses œuvres passées, la conquête de l'Algérie. C'est là sans doute un avantage assez considérable et qui ne manquera pas de valoir de nouveau à votre patrie cette situation prépondérante dans le conseil européen, dont l'Eglise et le monde ont un si pressant besoin.

Je n'insiste pas sur ce point; il saute aux yeux.

Au reste, ne vous y trompez pas. Il n'y a plus à choisir; et, en ce moment-ci, il n'y a PLUS MÊME DE SALUT POSSIBLE EN DEHORS DU ROI. J'ai quitté depuis longtemps le terrain des principes; mais voici bien sur le terrain des faits la plus éclatante nécessité. Observez la situation; son aspect est péremptoire :

D'un côté, la république qui vous mène aux abîmes et dont tout permet d'espérer et d'entrevoir la fin prochaine.

Et en face de cette république, quoi?

Plus rien qu'Henri V.

Avant 1873, la solution monarchique pouvait présenter des embarras pour le parti conservateur. Henri V, Louis-

Philippe d'Orléans, Napoléon IV se divisaient les sympathies des hommes d'ordre. On pouvait alléguer « l'embarras du choix. » La Providence, depuis lors, est venue simplifier la solution.

L'orléanisme, rentré dans le devoir, n'existe plus que dans certaines tendances libérales. Comme parti, il a disparu.

Le bonapartisme a vu tomber, sous les coups d'un sauvage qui ne se doutait pas de l'importance de son œuvre, le représentant sympathique des principes autoritaires qui sont la doctrine de ses meilleurs partisans.

Un seul principe, incarné dans un seul homme, est resté debout, pour garder à la France la paix et le salut : LA MONARCHIE LÉGITIME REPRÉSENTÉE PAR HENRI V.

Vous-même n'auriez pas le courage de faire entrer en ligne de compte ce César « déclassé, » dont le passé rappelle les sacrilèges du vendredi saint, l'appui accordé à toutes les passions révolutionnaires, et qui vient de tracer son programme politique de l'avenir, en se posant en républicain et en applaudissant des deux mains à la persécution religieuse qui s'ouvre. Vous me permettrez donc de le passer sous silence.

Dès lors, le devoir de tout homme d'ordre s'indique clairement. Il le comprenait bien, ce noble caractère (1) qui écrivait, au lendemain du manifeste du prince Jérôme :

« Entre Henri V, le prince Jérôme et la république,
» l'hésitation ne m'était plus permise.

» Je me suis soumis à Henri V, devenu maintenant
» *l'unique et l'indiscutable représentant des traditions*
» *et des intérêts catholiques et monarchiques*, que j'ai

(1) Baron Tristan-Lambert.

» toujours regardés comme indissolublement attachés au » salut et aux intérêts de la France.

» Comme catholique, cette conduite m'était toute » tracée.... »

C'est aussi en votre qualité de catholique que je vous convie à suivre cet exemple. Je comprends tout ce qu'il en peut coûter de briser définitivement des espérances qui ont été celles de toute votre vie; je m'explique, sans les excuser, les hésitations des meilleurs, avant de prendre une décision qui doit lès éloigner pour toujours d'une famille qu'ils ont vaillamment servie dans le passé. Mais il ne faut pas que les hommes d'ordre sacrifient à leur sensibilité les plus grands intérêts et le salut de la patrie. Après l'heure des regrets, voici l'heure de l'action virile et décidée; après le temps de deuil, voici le moment de faire trêve au sentiment, de se souvenir que la France souffre et de prendre des mesures en conséquence.

En ces jours où la persécution prochaine demande l'union la plus intime des catholiques et exige d'eux une conduite uniforme dans la ligne politique, il est moins opportun que jamais de sacrifier à des répugnances — qui sont le petit côté de l'homme — le seul salut possible, et de combattre la république sans avoir un régime défini à mettre à sa place. Ce serait là une politique aveugle, peu digne d'un homme de foi et d'un patriote sincère. Du reste, sans renier ce qu'il y a de bon de passé, tous peuvent noblement se mettre au service du Roi. Sans forfaire ni à la reconnaissance, ni à leurs serments, tous les hommes, soucieux de préparer un avenir à la France, peuvent sans honte aucune aller à Henri V et lui dire :

« O Roi, qui n'avez jamais trompé personne et qui
» ne tromperez jamais personne, nous voici à vos pieds
» augustes. Vous êtes la délivrance! Venez sauver la
» France, et par la France, sauvez l'Eglise et le Monde.
» Le Monde souffre; il se meurt, car l'Eglise est mise
» au ban de toutes les nations. Venez relever le prestige de l'Eglise, et, reprenant avec elle, pour la France
» et pour le Monde, la mission des Charlemagne et des
» saint Louis, rendez la paix et la liberté aux peuples,
» le repos aux gouvernements, le bonheur à tous; et
» du Sud au Nord, de l'Est à l'Ouest, sous toutes les
» latitudes, sous tous les climats, faites resplendir la
» devise civilisatrice et glorieuse de la France :
» *Vivat! vivat qui diligit Christus Francos!* »

SEPTIÈME LETTRE

Ce que sera la France sous Henri V.

Mon cher ami,

Henri V est le Droit;

Il est la nécessité de la France.

Quelle conclusion faut-il tirer de ce double fait?

Qu'il est du devoir de tous les catholiques et de tous les amis de l'ordre de travailler à son retour.

Les circonstances semblent s'y prêter fort peu, c'est vrai. Aussi je ne vous dis pas que ce retour se fera aussi vite que les hommes de bien le désirent. Mais ce que j'ose soutenir, c'est qu'il est moins éloigné que beaucoup ne le pensent. Ceci n'est pas une prophétie; c'est la constatation d'un fait, combinée avec une grande confiance dans la Miséricorde divine.

Le fait, le voici : la France marche à grands pas dans la voie de la désorganisation ; elle touche aux cataclysmes. Et ma confiance se base sur ce que Dieu, à croire les faits présents, n'a pas abandonné ses desseins sur la France. Oui, quand l'abîme s'ouvrira encore une fois, votre patrie se reconnaîtra; elle s'humiliera dans la cendre, et sa voix, s'élevant vers ce Cœur qui a aimé les hommes jusqu'à la folie de la Croix, obtiendra de Lui que les mauvais jours soient abrégés.

Je crains, cependant, que les nuages de colère qu'elle amasse sur elle ne produisent une immense catastrophe. Bien des grâces ont été méprisées par ce pauvre peuple français; bien des droits précieux et sacrés ont été méconnus par lui! Ses gouvernants ont renversé beaucoup de croix; et, en ce moment même, chassant Jésus, ils appellent et accueillent Barabbas. Tout cela ne restera pas impuni.

La France a le privilège d'être prédestinée à être, dans ce monde, le bras droit de l'Eglise. Cette mission est pour elle un grand honneur, mais elle lui impose aussi une lourde responsabilité.

Fidèle à son devoir, la France mérite une situation incomparable.

Infidèle, elle appelle sur sa tête des châtiments exemplaires.

Mais les douleurs mêmes qu'elle ressent sont un signe de la Miséricorde. Quand Dieu abaisse, c'est pour relever; quand il frappe, c'est pour guérir. Ce qui s'apprête pour la France, c'est un bain salutaire de sang et de feu, d'où elle sortira purifiée et capable de grandes choses. A la lueur de l'incendie, bien des yeux s'ouvriront qui se tenaient obstinément fermés, bien des illusions se dissiperont qui s'ancraient dans les esprits; et, apercevant enfin ce que depuis un siècle les événements lui enseignent, votre patrie comprendra cette première loi politique du monde que : « *les nations comme les individus doivent se soumettre à la vérité totale, à peine de tomber dans la ruine totale.* » Elle verra que devant elle se pose le dilemme qui, à la longue, se posera partout : *Catholicisme ou Nihilisme.*

Elle choisira le premier terme.

Et ce siècle, qui a débuté par la proclamation des droits de l'homme, se fermera par la reconnaissance des droits de Dieu. Joseph de Maistre l'annonce quelque part, et c'est comme la prévision de tous les grands penseurs de notre époque. Donoso Cortès, cet esprit lucide qui, après avoir débuté par l'indifférence, monta si haut dans la vérité catholique et qui, à mesure qu'il pénétrait sa foi, en tirait de si éclatantes lumières, disait en 1851 : « Tout est possible en France, hormis ce qu'on appelle le gouvernement parlementaire... Avec le temps, la monarchie elle-même n'est pas impossible : si aucune autre cause ne la rend possible, *les désastres le feront* (1). » Et, peu avant, il avait défini la monarchie « la révolution vaincue (2), » c'est-à-dire : Dieu recouvrant son domaine que l'orgueil humain avait usurpé, et l'Eglise reprenant sa mission civilisatrice si malheureusement arrêtée aux XVe et XVIe siècle. Or, la révolution vaincue en France, c'est la révolution vaincue partout, tuée au moins dans son germe propagateur.

Il importe, pour cette œuvre, que tous les vrais patriotes s'unissent dans une même affirmation ; que les uns abandonnent leurs préjugés libéraux, les autres leur politique de sentiment, tous leurs anciennes inimitiés, pour suivre la voie de la raison chrétienne. Un

(1) *Le Parlementarisme*, t. II, *Œuvres*, p. 362.

(2) *Lettres*, t. II, *Œuvres*, p. 317. Donoso Cortès ajoutait : « L'empire, c'est la révolution couronnée. » Il se rencontrait ainsi avec le prince Jérôme qui dit identiquement la même chose.

tolle général s'élève contre la république vraie, contre la république des républicains. C'est bien. Toutefois n'imitons pas les révolutionnaires, et sachons non seulement détruire, mais surtout édifier. Quand la république s'en ira — et elle s'en va d'elle-même — ayez le salut prêt et ne renouvelez plus ces tentatives qui, depuis le commencement de ce siècle, ont coûté si cher à la France. Ne faites plus du provisoire pour retomber dans le gâchis.

C'est odieux à dire; cependant je ne puis pas le cacher. Le parlementarisme libéral attend la mort de l'homme le plus honnête et le plus intègre de notre siècle, pour édifier... quoi? un gouvernement qui ne se fera peut-être pas et qui ne sera, après tout, qu'un gouvernement révolutionnaire, engendrant un nouveau 48, sans espoir même d'un nouveau 51. De l'autre côté, la politique de sentiment attend la mort d'un autre homme dont le caractère répugne pour élever à sa place... quoi? un prince que nul ne connaît, et qui ne pourra, peut-être, que ressembler au père qui l'élève.

Dans l'entre-temps, que font de la France ces deux politiques? Elles la laissent souffleter et outrager par une bande d'affamés, sans cœur mais insatiables dans leurs appétits, qui l'exploitent scandaleusement et la mènent à une banqueroute où son honneur et son avenir périront. Quand la France, épuisée, haletante, demande avec angoisse de la sauver à ces « conservateurs » d'une nouvelle espèce, ils lui répondent : « Un jour, peut-être! En tout cas... attendez. »

Est-ce que la France peut attendre? Est-ce qu'elle peut subir plus longtemps ce martyre sans mérites et plein de hontes qu'elle souffre aujourd'hui? Demain c'est peut-être la mort; c'est toujours le déshonneur, et je ne m'explique pas que des Français osent mettre leur patrie dans une pareille alternative.

Pour vous, cher ami, ne soyez complice ni de l'une ni de l'autre faiblesse. Souvenez-vous de ce que votre patriotisme exige. Rappelez-vous qu' « au-dessus de l'agitation de la politique, il y a une France qui souffre et qui demande d'être sauvée. » Jetez-vous résolument dans la lutte, et, reconnaissant le Droit, au moins comprenant une situation plus forte que votre volonté, travaillez avec zèle à préparer les voies royales de celui qui a dit : « Je ne veux pas régner par un parti, » et dont la foi chrétienne relèvera la France.

Parmi toutes les œuvres, je vous recommande la lutte électorale.

Car il importe surtout de *poser* le roi devant le peuple et de faire comprendre à celui-ci — ce qu'il semble ignorer en plusieurs endroits — qu'il existe un homme qui veut le sauver et qui le sauvera pleinement. Sous ce rapport, l'*affirmation* continuelle, constante, d'Henri V est une nécessité. Quand on aura obtenu que son nom soit connu partout, la grande tâche sera bien avancée.

Après cela, ne croyez pas que j'aie confiance dans l'issue actuelle de cette lutte. Non. Il faut commencer, sur ce terrain, par des défaites, pour arriver à la victoire; et le moyen d'obtenir celle-ci, est d'essuyer avec obstination celles-là. Mais je vous dirai plus. Si je croyais que les élections peuvent envoyer au parlement une majorité conservatrice, je vous dirais de ne pas lutter. Il en est des parlements (1) comme des défauts : le

(1) J'ai à peine besoin de faire observer que je parle des parlements « parlementaristes » de nos jours, et qui ne se débarrasseront pas de si tôt de l'esprit *révolutionnaire*.

meilleur ne vaut jamais rien; et, après tout ce qu'on a déjà vu, il serait naïf d'attendre d'eux ce qu'on peut espérer à peine de la force des événements. Je ne crois pas que jamais un vrai parlement rappellera un vrai roi catholique. Il y a entre le catholicisme et le parlementarisme une incompatibilité d'humeur si forte et si *fondamentale* que jamais l'un ne laissera coexister l'autre à ses côtés. Le premier est l'honnêteté, le second est l'intrigue; celui-ci est le fruit de l'orgueil, celui-là est le maître de l'humilité. Là, tout est grand et fécond; ici, tout est mesquin et stérile. Celui-là fortifie les peuples; celui-ci les énerve. L'un produit la liberté vraie; l'autre donne au peuple la fausse monnaie de la liberté. Sous l'influence du premier, l'autorité croît en force et en douceur; sous l'action du second, le pouvoir perd sa stabilité et sa mansuétude. Le premier fonde, le second détruit.

Le parlementarisme repose au fond sur cette double idée erronée qui consiste à croire, d'un côté, que le peuple est souverain omnipotent, et de l'autre, que l'éloquence sauve les nations. Or, ni le peuple, ni l'éloquence, ne sont ce que pense la théorie parlementaire. Nous avons déjà vu que l'autorité est au-dessus du peuple; où serait autrement la force des lois? Et il suffit d'ouvrir les yeux pour voir l'impuissance des artifices oratoires. Loin de tout sauver, l'éloquence de nos parlements perd les nations qui s'y confient, en stimulant les ambitions vulgaires, en semant dans le peuple des divisions irrémédiables et en substituant, aux soins des intérêts vitaux de la nation, des exercices de rhétorique qui ne profitent guère qu'à la gloire des orateurs.

Vous avez pu voir le parlementarisme à l'œuvre en

France. A peine au berceau, en 1789, il détruit les bases séculaires sur lesquelles reposait l'autorité, prépare la hideuse république de 1792 et ouvre la porte à ces désastres politiques qui, depuis un siècle, n'ont rien laissé debout en France. En 1830, il renverse de nouveau la royauté traditionnelle. En 1848, il laisse choir dans le mépris universel la monarchie mensongère qu'il avait faite. Bientôt il permet au socialisme de lever la tête et il se trouve si impuissant contre ce nouvel ennemi que les meilleurs sont contraints d'appeler à leur secours le coup d'Etat de 1852. Ce qu'il a fait depuis 1870, vous le voyez à l'heure présente et vous en rougissez. Ce n'est pas que le talent ni même la probité aient fait défaut au parlementarisme. Non; les hommes les plus éloquents l'ont illustré, les hommes les plus intègres lui ont apporté le contingent de leurs vertus; les de Montalembert, les Guizot, les Thiers, les de Broglie, les Berryer, les Molé et tant d'autres ont jeté sur lui l'éclat de leur nom, et travaillé de tout cœur à le rendre prospère. Tous ces efforts ne l'ont pas empêché de tomber sans gloire et de manquer aux brillantes promesses qu'il avait faites à la France.

Examinez ce bilan. L'actif est nul, le passif est immense.

En face d'une pareille comptabilité, les experts déclarent la banqueroute!...

Pouvons-nous faire moins?...

Est-ce que je préconise l'absolutisme? Non. L'absolutisme n'est pas le contraire du parlementarisme; car il n'est pas un gouvernement déterminé, ayant une forme précise et particulière. C'est plutôt un principe qui vicie le mécanisme. Il est dans toute autorité qui se prétend indépendante, autonome, souveraine absolue. Voilà pourquoi il se retrouve dans les démocraties comme dans les monarchies. Voilà pourquoi il s'incarne aussi bien dans une assemblée omnipotente que dans un homme omnipotent. Il faut même observer que rien n'est aussi oppressif que le despotisme d'une assemblée. Il faut ajouter que rien n'est aussi facile. De sa nature, une assemblée est toujours, quoi qu'on fasse, irresponsable ; elle a toujours, pour se maintenir, des forces que l'homme isolé ne possède pas ; elle sera toujours sous la menace et souvent sous l'action de ces passions qui saisissent les multitudes et y enlèvent toute autorité à la saine raison.

L'absolutisme n'est donc pas l'ennemi des assemblées souveraines ; les faits aujourd'hui le démontrent péremptoirement. Partout les assemblées souveraines méprisent la justice, écrasent le bon droit : en Belgique, en Suisse, en Allemagne, en France, en Italie, etc., et si quelque chose enraie, bien faiblement il est vrai, leur mouvement, c'est encore l'influence des monarchies.

Or le parlementarisme va à la tyrannie des assemblées. Partout il se précipite vers la démocratie pure, sans mélange ; partout il marche à l'omnipotence d'une assemblée élue par les pires éléments, omnipotence sans contre-poids et sans limites possibles.

C'est un fait (1).

(1) Partout le régime parlementaire se perd ; nulle part il ne peut rester debout. Peu à peu le « Roi » et le « Sénat » — là où le Sénat est encore quelque chose — s'annulent. Nous avons vu ce qui est arrivé en France. Voyez, par exemple, ce qui arrive en Belgique et en Italie, où la théorie parlementaire est complète ; la Chambre des députés y devient tout, et on y est presque à la démocratie.

Le peuple anglais — le plus *illogique* du monde et qu'on aurait tort de

Et ce fait est, de plus, conforme à la logique. C'est en vain que les hommes tâchent de *pondérer* les pouvoirs. Dieu seul le peut efficacement; tout ce que l'humanité peut faire dans ce but est de *diviser* LE *pouvoir*. Or un pouvoir divisé ne se comprend pas et est contre nature. De soi le pouvoir est *un;* personne ne changera son essence. Aussi, bientôt, sous l'action des principes, l'unité du pouvoir réapparaît partout dans l'omnipotence de l'un des trois membres du pouvoir parlementaire. Que reste-t-il alors pour contre-balancer le pouvoir? Rien; car le parlementarisme, pour établir la pondération fictive exigée par sa théorie, a détruit toutes les barrières naturelles par lesquelles Dieu protège la liberté des peuples chrétiens; et le despotisme ne trouve plus en face de lui qu'une vaste agglomération d'individus, isolés, égaux dans l'impuissance et dans l'abaissement.

Un pareil gouvernement n'est pas et ne peut être le vrai gouvernement de la France. Ce qu'il faut à ce peuple, comme à tous ceux qui ont souci de leur dignité et de leur bonheur c'est la négation du parlemen-

proposer à l'imitation des Français qui sont le peuple le plus *logique* du monde — le peuple anglais fait moins exception à cette règle qu'on ne pense. Le vrai parlementarisme y est relativement récent. Or, malgré la composition réellement aristocratique de sa Chambre haute, malgré les admirables éléments de résistance déposés dans la Constitution du peuple britannique, le moment n'est pas loin où la démocratie y trônera en maîtresse. On prête au prince de Galles un mot caractéristique; présentant un jour son fils, il aurait dit: « Messieurs, voici le dernier roi d'Angleterre. » C'était, sous une forme saisissante et *peut-être* outrée, énoncer une grande vérité. Il me paraît certain que l'Angleterre baisse; son esprit public se perd, ses vieilles mœurs s'en vont, et les progrès du catholicisme ne seront pas assez sérieux pour l'arracher à sa perte. Il y aurait beaucoup de choses à dire sur le peuple anglais; je puis m'en tenir là pour le moment.

tarisme et de ses corollaires, l'absolutisme et la démagogie, c'est-à-dire le régime catholique : régime aussi éloigné des bacchanales de la prétendue liberté moderne que des honteuses servitudes du césarisme païen; où l'autorité est forte mais tempérée, une mais limitée; où le peuple est libre mais obéissant, soumis mais indépendant; où les assemblées sont réellement *représentatives* des vrais intérêts de la nation; où le roi est vraiment roi, c'est-à-dire chef et père de la nation; où la liberté trouve ses plus solides garanties dans la douceur du pouvoir, et l'autorité son plus ferme appui dans le respect du peuple.

Que faut-il faire pour arriver à ce régime?

Donner à l'Eglise sa pleine indépendance.

A mesure que l'Eglise devient puissante chez un peuple, celui-ci devient capable de liberté. Les mœurs s'adoucissent, la charité s'étend, et du rapprochement des cœurs et des intelligences naît la liberté.

Qu'est-ce que la liberté? On ne peut la définir. Elle est quelque chose d'insaisissable qui pénètre tout et ne se laisse pas pénétrer.

On s'est imaginé — que ne s'imagine-t-on pas de nos jours? — qu'on pouvait la renfermer dans quelques articles ou l'emmagasiner dans quelques chapitres des constitutions modernes. On n'a pas vu que rien ne s'assujettit moins aux procédés physiques de classification, que rien n'est plus libre de sa nature que la liberté. Elle n'est pas une partie de l'organisation sociale; elle est le souffle qui la fait mouvoir. Elle n'est pas un membre sain du corps social; elle est la santé même qui vivifie les membres. Elle est cette prédisposition d'un peuple, qui le rend de plus en plus apte à se guider lui-même dans les voies de la justice et à se passer de la tutelle de l'Etat; car l'Etat n'est toujours qu'une restriction à la liberté.

L'influence toute morale de l'Eglise tend à rendre inutile l'action toute brutale de l'Etat. Et c'est un des grands bienfaits que Jésus-Christ a apportés au monde chrétien.

Toujours une compression des mauvaises passions est nécessaire; sans cela où serait la société? Il s'agit seulement de savoir s'il convient au bonheur et à la dignité des hommes qu'ils « compriment » eux-mêmes leur volonté par la liberté, ou s'il vaut mieux qu'ils soient « comprimés » par un pouvoir extérieur qui s'acharne sur les corps et ne peut pénétrer jusqu'à l'âme.

Toute la question de la liberté des peuples est là.

Si nous pénétrons plus cette question, elle se résume dans ce dilemme auquel tout nous ramène en dernière analyse : ou « le catholicisme ou l'incroyance. »

C'est entre ces deux points extrêmes que roulent tous les peuples. L'un est la liberté complète, l'autre l'absence de toute liberté. Selon que la force motrice qui dirige le char des destinées d'une nation le pousse vers l'un ou l'autre point, la voie royale de la liberté s'agrandit ou l'absolutisme rétrécit les chemins et refuse l'atmosphère.

Je ne me berce pas d'illusions. Le monde ne parviendra complètement ni à l'un ni à l'autre but. Le premier est trop antipathique aux passions humaines, le second est trop haï de Dieu. La sottise des hommes et les calomnies des ennemis de l'Eglise sauront bien empêcher qu'on n'aboutisse à celui-là, et le jour où l'on atteindrait celui-ci, la création tout entière s'effondrerait sous la colère céleste. Je ne fais que vous proposer l'idéal de la liberté et son antithèse, le despotisme complet. Ce sont, si vous le voulez, les deux *limites* mathématiques de cette *variable* qu'on appelle l'humanité. Celle-ci ne les atteindra jamais; mais *elle peut s'en approcher indéfiniment* (1); et, à mesure qu'elle s'en approche, elle se relève ou s'abaisse : elle se relève vers l'infini, elle s'abaisse vers zéro.

C'est cette *liberté* chrétienne ainsi que l'*autorité* chrétienne qu'Henri V ramènera. C'est le régime chrétien qu'il viendra restaurer. J'en ai pour garants sa loyale parole répétée durant un demi-siècle, sa foi bien connue et tous les actes qu'il a posés durant sa vie sans tache de soixante ans.

Que faut-il de plus à ceux qui aiment la France et qui veulent la voir rétablie dans son ancien éclat, son ancienne force et son ancienne liberté?

Là ne se bornera pas l'action du Roi. Pendant qu'il fera respecter la Religion et lui rendra sa pleine indépendance, pendant qu'il établira l'autorité sur de fortes assises en décentralisant l'administration et en rendant le peuple à la liberté, il se souviendra que l'Europe sans la France est un corps sans tête, ou plutôt une tête sans cer-

(1) A ce point de vue, la théorie du progrès indéfini, comme presque toutes les erreurs, possède un certain fond de vérité. Le monde, en effet, n'est pas stationnaire. Il se meut; il peut se développer et avancer toujours dans la voie de la perfection.

L'erreur de la théorie rationaliste est, d'un côté, d'enseigner que l'humanité marche *nécessairement* de progrès en progrès à mesure qu'elle avance en âge, ce qui est méconnaître tous les enseignements de l'histoire; et, de l'autre côté, de croire que le progrès se trouve, non dans le perfectionnement moral, c'est-à-dire religieux, mais dans le développement des arts mécaniques et dans l'exploitation de la matière, ce qui est méconnaître la nature et la grandeur de l'homme.

veau. Il prendra en main les intérêts de la conscience et de la civilisation, il les mettra sous la protection de la vaillance française. Il renouera la chaîne des grandes traditions de ses ancêtres et rendra à la France une voix respectée dans le concert européen. Pour accomplir cette tâche, il a tout en sa faveur. Représentant, au milieu des familles souveraines du vieux monde, la plus vieille dynastie chrétienne, il ne doit craindre ni l'isolement ni le mépris; et cette position privilégiée, ajoutée à la noblesse de son caractère qui fait l'admiration de tous, lui procurera cette confiance si nécessaire aux alliances diplomatiques et que tout gouvernement illégitime est impuissant à inspirer. Il porte sur ses épaules le fardeau des plus glorieuses traditions nationales; il n'aura garde de les compromettre dans des complications déshonorantes ou nuisibles, et de compromettre, avec elles, l'honneur et le bien-être de la France. Un usurpateur, que ces traditions de famille ne gênent pas, a les coudées franches. Les Bourbons, eux, sont tenus à plus de circonspection; et, ne fût-ce qu'en souvenir des fatigues et des sueurs qu'ont coûtées à leurs pères l'édification et la conservation du beau royaume de France, s'ils ne peuvent, sans forfaire à leur conscience, permettre qu'une politique d'abaissement déshonore les bannières fleurdelisées, ils ne sauraient non plus tolérer qu'on les expose à des hontes sans nom dans de folles aventures. Mais partout où la justice souffrira, la France élèvera sa voix, sans témérité mais aussi sans crainte; et quand le droit sera pesé dans les nations européennes, elle jettera dans la balance le poids de la glorieuse épée de Charlemagne.

Catholique et française — ce qui est tout un — la

politique royale sera prête à défendre l'Eglise et le Bien, partout où ces deux augustes faiblesses réclameront son concours, et la nation française reverra ces jours glorieux où elle présidait aux destinées de l'Europe, et s'employait, avec ardeur, au triomphe de toutes les grandes et nobles causes.

Tel est le vœu le plus ardent de mon cœur, tel est aussi le vôtre.

Les hommes de bien s'uniront pour le réaliser. Oubliant ce qui les divise pour ne plus penser qu'à ce qui les unit, la Religion, ils travailleront à ramener le descendant de saint Louis. Ils reconnaîtront tout ce qu'il leur apporte de forces pour réussir dans ce grand œuvre de la restauration de la France : force naturelle dans les principes d'hérédité en vertu duquel il revient, et d'autorité qu'il a gardé pur et sans tache; force surnaturelle dans les principes chrétiens qu'il proclame comme nécessaires et qu'il appliquera lorsqu'il sera roi.

Oui, j'ai cet espoir ferme et enraciné dans mon cœur. La France est blessée, mais elle n'est pas impuissante; elle agonise, mais elle n'est pas morte. Et si la mort même l'avait touchée de sa main, faudrait-il pleurer sa perte irrémédiable? Ne pouvons-nous plus espérer dans Celui qui a ressuscité les morts et dont le bras n'est pas raccourci?

J'assistais cette année-ci aux offices de la Semaine sainte, et j'écoutais une de ces prophéties sublimes que la grâce divine réalise dans tous les temps.

« En ces jours, dit le prophète Ezéchiel, la main de » Dieu fut sur moi, et elle me transporta, tout ravi dans » l'esprit divin, au milieu d'un champ plein d'ossements.

» Et elle me conduisit tout autour. Or,

» Ces ossements étaient en très grand nombre sur la
» surface de ce champ, et ils étaient entièrement dessé-
» chés. Et Dieu me dit :

» Fils de l'homme, crois-tu que ces ossements
» puissent revivre ?

» Je dis : Seigneur Dieu, vous le savez.

» Et il me dit :

» Prophétise sur ces ossements et dis-leur :

» Ossements arides, écoutez le verbe du Seigneur.
» Voici ce que dit le Seigneur Dieu à ces ossements :

» Je vais envoyer en vous un esprit, et vous vivrez.

» Je vous revêtirai de nerfs, je ferai croître sur
» vous des chairs, j'étendrai au-dessus une peau, je
» soufflerai en vous l'esprit,

» Et vous vivrez. Et vous saurez par là que c'est
» moi qui suis le Seigneur.

» Or, je prophétisai d'après l'ordre du Seigneur, et
» pendant que je prophétisai,

» Il se fit un grand bruit et un grand mouvement ;
» les os se joignirent aux os, chacun dans sa jointure.
» Je suivais des yeux et, tout à coup, des nerfs et
» des chairs les couvrirent et une peau s'étendit sur
» eux, mais

» La vie n'y était pas encore.

» Alors le Seigneur me dit :

» Prophétise à l'esprit, prophétise, fils de l'homme,
» et dis à l'esprit :

» Voici ce que dit le Seigneur Dieu :

» Des quatre vents, viens, esprit, et souffle sur ces
» morts pour les rendre à la vie.

» Et je prophétisai

» Comme il m'était commandé ; et l'esprit entra dans
» ces corps, et ils vécurent,

» Et ils se levèrent sur leurs pieds comme une
» armée innombrable. Et le Seigneur me dit :

» Fils de l'homme, ces ossements, c'est le peuple
» d'Israël.

» Il dit : Nos os sont desséchés, et notre espoir a
» péri, nous sommes livrés à la mort. C'est pourquoi,

» Prophétise et dis-leur : écoutez ce que dit le
» Seigneur Dieu :

» Voici que j'ouvrirai vos tombeaux, et je vous con-
» duirai hors de vos sépulcres, ô mon peuple !

» Et je vous mènerai dans la terre d'Israël. Pour
» que vous sachiez que c'est moi qui suis votre
» Seigneur,

» Lorsque j'ouvrirai vos sépulcres et vous ferai sortir
» de vos tombeaux, mon peuple bien aimé ! Et *je*
» *mettrai mon Esprit au milieu de vous et vous*
» *vivrez, et j'enverrai mon repos* dans vos champs,
» dit le Seigneur Tout-Puissant. »

En écoutant ces magnifiques accents, je pensais à la France ; et je crus entendre la voix du Sacré-Cœur disant les mêmes paroles, faisant les mêmes promesses au peuple privilégié du Nouveau Testament. Car, à travers toutes les douleurs de la France, on sent encore palpiter la Miséricorde divine qui suscite les pèlerinages, forme les missionnaires et fait lever de terre, sur les montagnes des anciens martyrs, l'Eglise préservatrice du Vœu national.

Quand un peuple fait toutes ces œuvres, ce peuple n'est pas condamné. Les dix justes s'y trouvent; or, quand les dix justes prient et persévèrent, une nation, fût-elle

Sodome, n'est pas destinée à pourrir dans les bras de la mort.

Oui, les hommes de bien se souviendront du passé. Ils rétabliront l'ORDRE en toutes choses. Et, restaurée par leurs soins et leur patriotisme désintéressé, la France, consacrant au bien, sous la vigilance paternelle du « roi très chrétien, » ce puissant prosélytisme qu'elle avait voué au mal, fera reconnaître par toute l'Europe, dans l'univers entier, les droits de Jésus-Christ, roi immortel des siècles : REGI SÆCULORUM IMMORTALI (1).

(1) I. Tim. 1-17.

CONCLUSION

Le Sacré-Cœur sauvera la France.

Il lui rendra la paix, la prospérité et la gloire.

A l'heure marquée par la Providence, la nation se réveillera de sa léthargie ; elle recouvrera sa raison. Elle comprendra la force du Droit, elle entendra la voix des événements. Elle saura qu'en dehors de Dieu, il n'y a, pour les individus comme pour les peuples, ni salut, ni bonheur.

Alors se révèleront à elle les causes intimes du malaise dont elle souffre, et elle demandera avec larmes à celui qui a mission et autorité pour faire cette œuvre, de la délivrer enfin de cet esprit funeste qui, depuis un siècle, lui enlève son repos et sa virilité.

Ce jour là, la doctrine révolutionnaire sera condamnée, et l'ère de la paix pourra s'ouvrir.

Comment et quand se fera cette œuvre de miséricorde?

Nul ne le sait. C'est le secret de Dieu.

Tout ce que l'homme peut savoir, c'est que la France fait de grands et louables efforts pour revenir à Dieu, et que, dès lors, celui-ci ne peut abandonner la France.

Ce que nous savons encore, c'est que la Providence ne fait aucune œuvre inutile.

. . . .

Le 13 février 1820, les sectaires de la révolution

étaient au comble de leurs vœux ; ils venaient de frapper, dans la personne du dernier rejeton de la branche des Bourbons, le dernier espoir de la cause chrétienne. Du moins, ils le croyaient. Mais Dieu, dont rien n'arrête les desseins, avait déjoué ce plan infernal et, le 29 septembre de la même année, du sang fécond de saint Louis, un héritier naissait aux Lys. On le nomma Dieudonné, car il était le don de Dieu; la nation, dans son ivresse, l'appela « l'enfant de miracle, » car sa naissance semblait tenir du miracle ; et le nonce, comme plein d'un esprit prophétique, disait, en félicitant Louis XVIII de l'heureux événement : « Cet enfant de souvenirs et de regrets est aussi l'enfant de l'Europe. Il est le présage et le garant de la paix et du repos qui doivent suivre tant d'agitations. »

Qu'arriva-t-il? La révolution de 1830 survint et sembla démentir tous les pronostics. Or, elle ne fit que rendre possible leur complète réalisation, en détruisant les obstacles qui pouvaient faire échec au salut de la France.

La Restauration, malgré les éminentes qualités de ses Rois, suivait une voie funeste. Le gouvernement était imprégné de traditions gallicanes et libérales ; le peuple était imbu de doctrines révolutionnaires. Rien de stable ne pouvait se fonder sur cette base. Dieu voulut soustraire à ces mauvaises influences et à ces nécessités, celui qu'il tenait en réserve pour accomplir l'œuvre de la délivrance. Il se servit de la verge; Il permit les bouleversements successifs dont nous avons été les témoins. Les événements ont bien fait leur ouvrage. Les doctrines révolutionnaires ont perdu leur crédit auprès des meilleurs ; les excès démagogiques ont ouvert les yeux aux plus récalcitrants ; le libéralisme sous toutes ses formes a perdu son prestige ; le gallicanisme est mort d'inanition; l'Eglise a regagné son empire sur les âmes; les grossières préventions qu'on nourrissait contre elle et contre ses institutions ont disparu ; les derniers préjugés s'apprêtent à tomber. Un parti catholique s'est formé, trop peu *catéchisé* peut-être dans son ensemble, mais animé des meilleures intentions et décidé à défendre contre tous, les droits de la Foi et de l'Eglise. C'est le fondement d'une vraie Restauration.

Cependant « l'enfant de miracle » a grandi ; et il est devenu, entre tous, l'homme le plus apte à résoudre définitivement le problème politique et social qui s'impose à la France. Tout dans sa vie retirée, studieuse, pleine de leçons terribles et d'enseignements féconds, l'a prédisposé à cette œuvre. Il a pu connaître, il a connu la cause première des malheurs dont sa patrie souffre. Il a pu comprendre, il a compris la perfidie de la Révolution, les germes empoisonnés qu'elle porte dans son sein et son « caractère satanique. » Il proclame que la France ne se sauvera qu'en rejettant de ses lois et de sa politique les principes mauvais dont elle meurt (1), et qu'en y restaurant ces axiomes éternels de foi et de justice, dont elle a vécu durant quatorze siècles. Il se dit prêt à entreprendre le combat contre les doctrines perverses.

La Providence l'a admirablement préparé pour cette lutte; Elle lui a dispensé, à la fois, la mansuétude qui est le vrai signe de la force, et la doctrine qui est la vraie source de la charité. *Elle a fait de lui, le chef de la France catholique.*

(1) On a dit de l'Europe, une parole qui s'applique surtout à la France : « L'Europe meurt de ce qui la fait vivre, et vit de ce qui la fait mourir. » Rien de plus vrai sous cette forme originale.

Elle a, en ce moment même, déblayé le terrain. Frappant les affections les plus respectables, faisant rentrer honorablement dans le devoir les égarés les plus sympathiques, Elle n'a plus laissé debout, en face l'un de l'autre, que deux champions. Toutes les équivoques sont dissipées. A l'heure actuelle, il s'agit de choisir : entre la République, acceptant pêle-mêle les jacobins et les césars déclassés et déclarant la guerre à tout ce qui est respectable et saint — la République, représentant la destruction et la ruine ; — et la Monarchie, abritant dans son sein tous les éléments honnêtes de la nation, et prenant fait et cause pour toute liberté vraie, — la Monarchie représentant la réédification et le salut. Toute autre issue est impossible.

C'est dire que le dénouement approche. Et la victoire ne saurait être douteuse.

La bassesse des cœurs peut sembler décourageante ; l'apathie d'un grand nombre peut effrayer les âmes patriotiques! Souvenons-nous seulement que Dieu est puissant et ne redoute aucun obstacle. Voyez ce qu'Il a fait pour la France depuis le commencement de ce siècle; admirez ses voies et ne croyez pas qu'il laissera inachevé cet ouvrage auquel Il a déjà donné, si cette expression vulgaire est permise, tant de coups de pioche et tant de coups de rabot. Tout est prédisposé pour la victoire; et, comme pour rendre ses desseins évidents dès le premier jour, Dieu a fait naître celui que tout réclame, le jour de la fête de ce saint archange Michel qui est, à travers les siècles, le patron spécial de la France chrétienne et qui fut le vainqueur du dragon infernal révolté contre Dieu. — C'est le signe dont Il a sacré son élu.

Oui ; Henri V reviendra. La France a besoin de lui, et l'Eglise et le Monde ont besoin de la France. A son retour au milieu de ce peuple qui l'a méconnu si longtemps, le cœur des hommes de bien débordera, et l'on verra se renouveler ces scènes magnifiques d'affection et d'enthousiasme qui saluèrent son berceau. Hélas, parmi les vieux serviteurs et les fidèles de l'exil, un petit nombre seul pourra participer à la joie du triomphe. Mais, après eux s'est levée une génération, avec eux s'est formé un parti national qui les remplacera dignement. Rejettant toute attache révolutionnaire, ce parti a greffé sur sa foi catholique, une foi légitimiste pleine de sève et de vigueur. Il entourera le trône d'une garde d'honneur où l'ennemi ne pénétrera plus.

Chrétien dans son chef et dans ses fidèles, le trône refleurira, et les lys, portant au loin l'éclat et la bonne odeur du nom français, voleront à travers le monde, pour défendre partout la justice opprimée et restaurer partout le droit méconnu.

« Français (1), faites place au roi très chrétien ;
» portez-le vous-mêmes sur son trône antique ; relevez
» son oriflamme, et que son or, voyageant encore d'un
» pôle à l'autre, porte de toutes parts la devise triom-
» phale :

» Le Christ commande, Il règne, Il est vainqueur ! »

***, ce 4 juin 1880, fête du Sacré-Cœur.

(1) De Maistre, *Considérations sur la France*, c. VII.

FIN

— Lille. Typ. J. Lefort. —

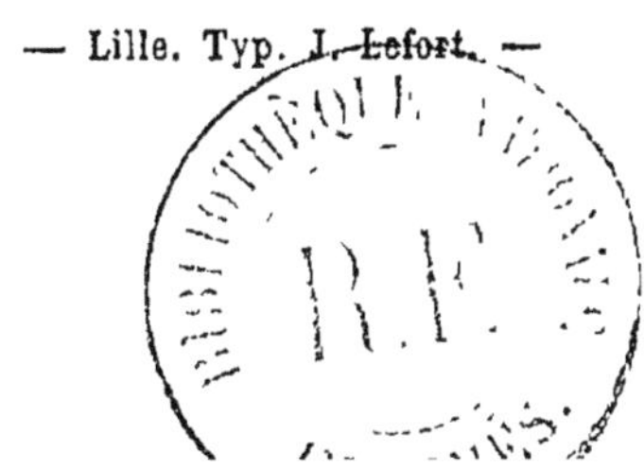

TABLE

www.ingramcontent.com/pod-product-compliance
Ingram Content Group UK Ltd.
Pitfield, Milton Keynes, MK11 3LW, UK
UKHW022110190726
13855UKWH00002B/756

9 782013 489843